# ROYALTIES DO PETRÓLEO

# ROYALTIES DO PETRÓLEO

## AS REGRAS DO JOGO

PARA DISCUTIR SABENDO

LINDBERGH FARIAS

A
AGIR

Editora Nova Fronteira Participações S.A.
Rua Nova Jerusalém, 345 – Bonsucesso – 21042-235
Rio de Janeiro – RJ – Brasil
Tel.: (21) 3882-8200 – Fax: (21) 3882-8212/8313

Texto revisto pelo novo Acordo Ortográfico

CIP-Brasil. Catalogação na fonte
Sindicato Nacional dos Editores de Livros, RJ

---

F238r Farias, Lindbergh
Royalties do petróleo: as regras do jogo — para discutir sabendo / Lindbergh Farias. Rio de Janeiro : Agir, 2011.
216p. : 14x21 cm

ISBN 978-85-220-1359-3

1. Petróleo e gás - Royalties - Brasil. 2. Indústria petrolífera. 3. Finanças públicas. 4. Descentralização na administração pública - Brasil. 5. Federalismo - Brasil. 6. Brasil - Política e governo. I. Título.

CDD: 338.272820981
CDU: 330.123.7(81)

*Para Maria Antônia, Luiz e Beatriz,*
*amores da minha vida.*

*À memória de meu pai e à minha mãe.*

*A Luiz Inácio Lula da Silva,*
*referência luminosa para o Brasil e para minha vida.*

# Sumário

# Agradecimentos

Um livro nunca é trabalho exclusivo do autor. Ao contrário, é obra coletiva por natureza, que incorpora parte do conhecimento acumulado pela humanidade nas mais diversas áreas.

Este livro é especialmente coletivo. Sem ter a pretensão de apresentar teses revolucionárias, procurei sistematizar informações produzidas por vários autores e instituições e, numa passagem ou noutra, apresentar meu ponto de vista sobre o tema.

Faço um agradecimento especial aos meus companheiros nessa batalha: senador Francisco Dornelles, senador Marcelo Crivella e governador Sérgio Cabral. A sabedoria do senador Dornelles, a generosidade do senador Crivella e a firmeza do governador Cabral foram fundamentais para que mantivéssemos a unidade para travar o bom combate e guardar a esperança de que os estados produtores, em especial o Rio de Janeiro, não sofrerão qualquer violência.

Agradeço também à minha equipe, nas pessoas dos assessores Marcos Rogério de Souza, Luiz Eduardo Soares, João Sicsú, Ademir Figueiredo e Ernesto Salles.

Quero agradecer, ainda, ao economista José Roberto Afonso, com quem muito aprendi nesse debate sobre royalties e de quem incorporei parte significativa das teses sustentadas neste livro, e ao professor Mauro Osório, presença indispensável em qualquer debate sobre o estado do Rio de Janeiro.

Agradeço aos profissionais do Governo do estado do Rio de Janeiro, nas pessoas de Bruno Martins Hermann e Rodrigo Mascarenhas.

Minha homenagem especial ao economista André Urani, pela capacidade de reinventar o futuro, mesmo nos momentos de grande adversidade.

A todos e todas que, direta ou indiretamente, contribuíram para a viabilização desta publicação, meu muito obrigado.

# Prefácio

## O Rio de Janeiro não pode pagar a conta

O pacto federativo, muito mais do que uma expressão quase banalizada pelo inócuo jargão político, reflete o compromisso de centenas de milhões de brasileiros, ao longo de séculos de história, com a construção de um país. Um país que acolha e estimule as diferentes características de cada uma de suas regiões, fruto da multiplicidade exuberante do nosso povo, mas que se una sob uma só bandeira, uma só esperança, um só futuro.

É claro que essa construção não foi, como não poderia ser, livre de conflitos e discordâncias. Contudo, foi da busca por um caminho verdadeiramente nacional e popular, de diálogo e grandeza político-parlamentar, que se forjou o Brasil como Federação.

Depois de décadas sofrendo com as mais variadas formas de descaso, o Rio de Janeiro retomou, de 2007 para cá, o rumo do desenvolvimento econômico e saiu do isolamento político em que se encontrava. Mais que isso, a nossa população recuperou a autoestima perdida e voltou a acreditar em uma cidade, um estado que continua sendo a síntese do Brasil.

Hoje, vivemos um novo momento. Com muito trabalho, mostramos que a paz é possível, colocamos as finanças em dia, temos atraído bilhões de dólares em investimentos, geramos cada vez mais emprego e renda — em 2011, o Rio se tornou o estado com a maior taxa de empregabilidade do Brasil, segundo o Ministério do Trabalho. Ainda como fruto dessa nova forma de gerir o Estado, conquistamos uma agenda extraordinária de grandes eventos internacionais, como a conferência ambiental Rio +20, a Jornada Mundial da Juventude, a Copa do Mundo de Futebol, e os Jogos Olímpicos de 2016. Tudo isso significa construir e deixar, para o nosso povo, um legado verdadeiro de mais infraestrutura, segurança pública, mobilidade urbana.

Nesse contexto, a compensação financeira pela exploração dos campos de petróleo que o estado do Rio e 87 dos 92 municípios fluminenses têm direito a receber se torna ainda mais vital para que possamos continuar trilhando esse caminho virtuoso de crescimento. Royalties e participação especial são direitos garantidos pela Constituição. Qualquer invasão dessas receitas é mais do que uma irresponsabilidade e um desrespeito. É uma violação às regras estabelecidas, ao ato jurídico perfeito, à democracia e à liberdade. O Rio de Janeiro, que nunca questionou benefícios fiscais recebidos por outros estados — algo absolutamente legítimo, diante das particularidades de cada um —, não vai abrir mão dos seus direitos.

Por isso, quando oportunistas querem vender ao Brasil a falsa ideia de que os recursos do Rio de Janeiro e dos estados e municípios produtores resolveriam os problemas dos outros entes da Federação, este livro do senador Lindbergh Farias se torna mais uma peça fundamental para a defesa do nosso estado. Ainda mais por ter sido escrito por um homem público que honra a política feita de forma séria e responsável. Nas páginas a seguir, Lindbergh — que desde que surgiu na política sempre teve o seu nome ligado às causas democráticas — mostra por que o Rio não pode e não vai pagar essa conta.

E não pagará por diversas razões. Duas delas: por uma questão de princípio, o Rio de Janeiro não abre mão de receitas que lhes são devidas e garantidas constitucionalmente; a perda dessas receitas significaria a insolvência do estado. Para se ter uma ideia, essa insanidade inventada por meia dúzia de políticos sem qualquer compromisso com o pacto federativo e com as leis do País, de mexer em contratos em vigor, tiraria do estado do Rio, já em 2012, R$ 1,53 bilhão e, do conjunto dos municípios fluminenses, R$ 1,79 bilhão. Até 2020, o estado perderia R$ 23,8 bilhões e os municípios, R$ 25 bilhões.

Da parte do nosso governo, as receitas que recebemos de royalties e participações especiais são destinadas a investimentos essenciais para, na ponta, melhorar a vida da nossa população. Dos R$ 6,8 bilhões recebidos em 2011, por exemplo, R$ 1,5 bilhão serão devolvidos à União por conta de dívidas renegociadas em 1999; R$ 4,6 bilhões vão para a Previdência estadual, hoje modelo para o Brasil; R$ 337,7 milhões vão para os municípios; R$ 323,7 milhões são investidos diretamente no meio ambiente; e R$ 66,5 milhões vão para o Pasep.

Ou seja, contratos e leis determinam o uso de 28% do dinheiro do petróleo. E o estado utiliza os 72% livres em meio ambiente e na questão previdenciária, liberando receita futura para outros investimentos. É a seriedade com que aplicamos esses recursos que nos permite manter em dia o pagamento dos nossos aposentados e pensionistas, além de ter possibilitado que, em menos de cinco anos, tenhamos aumentado em mais de 50% o tratamento de esgoto no estado.

Inúmeros municípios fluminenses, que crescem vertiginosamente em função da exploração do petróleo e que sofrem, assim, enormes consequências sociais e ambientais, além dos gargalos históricos que já enfrentavam, basicamente desapareceriam, em termos administrativos. Não se trata de "justiça" nem de "redistribuição", muito menos estímulo — necessário, diga-se de passagem — às boas práticas de gestão. Trata-se, pura e simplesmente, de uma agressão.

Uma agressão que poderia tirar o estado da rota de crescimento socioeconômico duramente retomada, após décadas de estagnação. Após décadas nas quais o Rio foi esvaziado, econômica e politicamente, com efeitos nefastos para seus cidadãos. Esvaziado muitas vezes por seus governantes, é verdade, mas em várias outras ocasiões por medidas tomadas e aceitas em prol de uma visão nacional, como a perda da capital, a fusão da Guanabara e a própria cobrança do ICMS do petróleo — somente do petróleo — no destino e não na origem.

É preciso deixar claro, ainda, que o Rio de Janeiro, em nosso governo, nunca se furtou à negociação. Sentamos à mesa e abrimos mão de receitas futuras quando, de forma legítima, o Congresso Nacional decidiu alterar o marco regulatório para os campos de petróleo da camada pré-sal que ainda serão licitados. Assim, garantiu que, no futuro, municípios e estados não produtores tenham direito a compartilhar essa riqueza.

O novo marco regulatório extingue a participação especial para os estados produtores — no caso do Rio de Janeiro, ela representa 60% da receita. Por isso, fomos lá e negociamos um aumento no percentual dos royalties. Aceitamos, portanto, não ganhar nada a mais por termos em nosso estado quase 70% do pré-sal a ser licitado. Abrimos mão dos recursos. Mas isso para o futuro. Não perderemos, mas deixaremos de ganhar em nome desta questão que é de todo o país. A divisão foi exaustivamente discutida e, para os campos já licitados, o próprio Governo Federal preservou o atual marco regulatório.

Portanto, nós queremos que este acordo seja mantido. Acordo que foi fechado pelos líderes no Congresso e com o então presidente Luiz Inácio Lula da Silva, que vetou qualquer alteração nessa negociação para o que ainda será licitado. O que não podemos admitir — e isso o senador Lindbergh desenvolve muito bem neste seu livro, que chega em momento tão oportuno — é que se viole o ato jurídico perfeito, as regras do jogo democrático, o pacto federativo. E nem a Constituição brasileira.

**Sérgio Cabral,**
**governador do estado do Rio de Janeiro**

# Introdução

## Desafios para a construção da República Democrática e Federativa no Brasil

Para que o petróleo seja nosso, de todos os brasileiros, a distribuição de seus custos e benefícios deve seguir critérios justos. A justiça dos critérios exige a consideração de vários aspectos e não se reduz a uma divisão igualitária simples de apenas um aspecto das rendas oriundas da exploração petrolífera, como os royalties.

Antes de mais nada, quero deixar claro que este livro não se propõe a uma análise isenta e neutra da realidade. Sou senador pelo Rio de Janeiro e tenho compromissos inequívocos com o estado que represento. Não seria honesto nem verossímil afirmar uma neutralidade que trairia a essência de meu papel. Entretanto, creio poder afirmar com segurança que os argumentos não foram contaminados pelas emoções e pelos vínculos que me ligam à sociedade fluminense. Acredito que os argumentos sejam racionais, objetivos e fiéis à realidade empírica. Foi essa a intenção. Espero que tenha sido realizada, nos limites de minhas possibilidades e, evidentemente, tanto quanto seja permitido à mente humana alcançar esses objetivos do pensamento autônomo.

Há outro componente biográfico que não posso ignorar, não devo negligenciar, muito menos omitir, e do qual me orgulho muito: nasci na Paraíba. Mais do que isso, sou paraibano. O nascimento não foi um acidente geográfico. Trago a Paraíba e o Nordeste no português que falo, na música das palavras, na constelação dos afetos e nos mapas da memória. A presença de meu estado de origem em minha formação originou não apenas um sotaque, mas um modo de ver a vida e o Brasil. Mesmo que quisesse, não conseguiria olhar para o país com olhos unilaterais, governados por um engajamento local e exclusivo. Para mim, a dupla inscrição no território nacional, com suas modulações culturais e sociais, sempre teve um significado importante. A consequência dessa multiplicidade de laços e referências, que faz a riqueza — e às vezes a dor — do migrante, tem sido, pelo menos em minha experiência, uma espontânea resistência a resignar-me ao bairrismo, ao regionalismo, ao provincianismo, aos preconceitos mútuos. Acho que essa resistência é positiva, aponta na direção cosmopolita e de apreço por um Brasil plural. A migração tende a engendrar uma sensibilidade suprarregional, conectada com o nacional.

De um senador espera-se a defesa dos interesses do estado que representa, desde que temperada pelo respeito aos valores constitucionais e equilibrada pelo reconhecimento da superioridade dos interesses nacionais, isto é, dos interesses da sociedade brasileira em seu conjunto. Nesse sentido, creio que a vivência do deslocamento e a experiência da diversidade de laços me ajudaram a entender meu lugar e a desempenhar meu papel. Sobretudo nesse momento, em que o pacto federativo está no foco do dilema nacional, a travessia biográfica me auxilia na busca do equacionamento mais justo para todos.

O que está em jogo, na decisão sobre a distribuição dos royalties do petróleo, é muito grave. Não apenas para estados e municípios produtores, cujo futuro estará em risco, ante a iminência de perdas econômicas gigantescas, com impacto social potencialmente dramático, como também para o país em seu conjunto. O que está realmente em questão é o pacto federativo, com suas evidentes contradições.

Com as descobertas de petróleo na camada do pré-sal, o Brasil se tornará um importante produtor mundial do produto. A produção brasileira saltará de 2,6 milhões de barris/dia para 6 milhões de barris/dia. Ou seja, o pré-sal pode colocar o Brasil lado a lado com os grandes produtores.

Uma das questões cruciais para o uso dos recursos do petróleo diz respeito à chamada "doença holandesa", que vitimou países da OPEP. Os países podem ficar tão dependentes das rendas do petróleo a ponto de negligenciar os demais setores econômicos, especialmente os manufatureiros. Vários países renderam-se a essa maldição, o que os levou a desperdiçar sua riqueza em consumo de bens importados e gastos supérfluos ou a criar gigantescas burocracias, deixando de investir nas questões essenciais para solidificar o desenvolvimento sustentável.

As descobertas do pré-sal abrem uma oportunidade histórica para o Brasil. Temos condições de evitar a doença holandesa, especialmente porque nossa economia é diversificada, temos grande potencial de crescimento interno e somos líderes mundiais em alguns setores econômicos relevantes. Nossa principal vantagem comparativa com os países produtores de petróleo, porém, é o regime democrático, que cria as condições para o debate livre dos temas nacionais, inclusive a exploração petrolífera.

A democracia não é o regime das maiorias sobre a minoria. Isso é ditadura da maioria. Na democracia, as vontades das maiorias são balizadas pelo respeito às minorias. Do contrário, todas as minorias — sociais, políticas, religiosas, de gênero — correriam o risco de ser exterminadas. No caso dos royalties, a democracia não corresponde à imposição da vontade de 25 estados não produtores contra 2 estados produtores (Rio de Janeiro e Espírito Santo).

Por que estou dizendo isso? Por entender que o Senado Federal, ao aprovar o Substitutivo do senador Vital do Rego (PMDB/PB) ao Projeto de Lei nº 448/2011, de autoria do senador Wellington Dias (PT/PI), em 19 de outubro de 2011, não considerou que a decisão inviabilizará dois estados e centenas de municípios da Federação.

Como veremos ao longo deste livro, a nova distribuição dos royalties e a participação especial prevista no Substitutivo do Senado retira recursos dos estados e municípios produtores e afetados, sufocando-os financeiramente já em 2012, e, pior que isso, impedindo-os de participar, nos termos assegurados pela Constituição Federal, do crescimento da produção petrolífera.

Em resumo, o livro desenvolve dez teses que tenho sustentado sobre a distribuição das rendas do petróleo:

1. As descobertas do petróleo na camada do pré-sal coloca o Brasil no mapa dos maiores produtores mundiais de petróleo do planeta. O crescimento da produção será acompanhado de aumento significativo das receitas oriundas do petróleo (Imposto de Renda, PIS/Cofins, ICMS, royalties e participações especiais). Não podemos seguir uma lógica de distributivismo raso, destinando os recursos do pré-sal para financiamento de custeio da máquina estatal e todos os estados e municípios brasileiros. Temos de usar esses recursos para dar o salto de qualidade de que o Brasil necessita, investindo pesadamente em meio ambiente, educação, inovação tecnológica e infraestrutura.
2. Os estados e municípios não produtores exigem uma participação maior nas receitas do petróleo produzido em mar. Concordamos com esse aumento de participação. Mas o Rio de Janeiro e o Espírito Santo não podem pagar a conta.
3. Para atender aos estados não produtores, temos de refazer o pacto federativo brasileiro, que está visivelmente doente. Historicamente, vivemos um processo de concentração de poderes e recursos nas mãos da União, em detrimento de estados e municípios. Em 2010, a União arrecadou 67% dos tributos brasileiros, e, depois das transferências obrigatórias, apropriou-se de 57% desses recursos. O fortalecimento do poder central, tendo como consequência a fragilização dos entes subnacionais, expressa-se em vários temas, entre os quais no endividamento dos estados com a União. Os

acordos de renegociação das dívidas, firmados entre 1997 e 2001, acabaram se tornando lesivos aos estados, já que a União tem lucrado com a dívida estadual. Explico: a União empresta recursos ao BNDES usando a Taxa de Juros de Longo Prazo (TJLP), atualmente em 6%, mas cobra das dívidas dos estados correção monetária pelo IGP-DI (11,3%, em 2010), além de juros mínimos de 6%. Ou seja, em 2010, os estados pagaram, pelo menos, 17,3% de dívidas à União.

4. Além de distorções verticais, o pacto federativo também padece de disparidades horizontais. Quer dizer: o arranjo institucional criado pela Constituição de 1988 e pela legislação que a sucedeu fortaleceu elites locais de estados pouco populosos e menos desenvolvidos, o que gerou um desequilíbrio na representação política no Congresso Nacional. Essas elites estão numericamente super-representadas na Câmara dos Deputados e "controlam" o Senado Federal, bloqueando qualquer debate sobre mudanças no pacto federativo que o tornem mais equilibrado.
5. A apropriação *per capita* dos recursos do Fundo de Participação dos Estados (FPE) é a maior prova dessas distorções entre os estados. O FPE foi criado para combater as desigualdades regionais. Todavia, em 1989, quando a Lei Complementar que regula o fundo foi criada, não foram fixados critérios de rateio dos recursos, mas simplesmente alíquotas. Essas alíquotas não se fundaram em qualquer critério técnico. Foi expressão de mero acordo político. Deveriam vigorar por dois anos, quando então seria feita legislação específica fixando os critérios. Passados 22 anos, a nova lei ainda não foi editada, razão pela qual o TCU e o STF entenderam que tal lei é incapaz de cumprir o propósito constitucional de combater as desigualdades sociais e regionais. O STF declarou a lei inconstitucional e deu prazo para o Congresso editar nova lei até 31 de dezembro de 2012. Essa lei, além de inconstitucional, é injusta. Tanto que o FPE *per*

*capita* de Roraima, para citar um exemplo, é de R$ 2.275,68, enquanto o do Rio de Janeiro é de R$ 39,27. Ora, uma lei com esse grau de injustiça não pode servir de parâmetro para distribuição do recurso dos royalties, como fez o Substitutivo do Senado.

6. O ICMS incidente sobre petróleo não é apropriado pelos estados produtores. A Constituição criou uma exceção à regra de que esse imposto é cobrado na origem e, no caso do petróleo e da energia, determinou que fosse cobrado no destino. Isso significa que o Rio de Janeiro, que responde por cerca de 80% da produção petrolífera nacional, não fica com o ICMS gerado por essa produção. O estado do Rio é um exportador de ICMS. Em números de 2012, o estado deixaria de recolher R$ 6,8 bilhões.
7. O debate sobre distribuição dos royalties não pode ser feito isoladamente. Temos de colocar sobre a mesa todas as questões relevantes para o pacto federativo, de modo a assegurar um equilíbrio vertical (União, estados e municípios) e horizontal (entre estados e entre municípios). Para isso, defendo que a distribuição dos royalties seja debatida em conjunto com a reforma tributária, renegociação das dívidas dos estados e critérios de rateio para o FPE/FPM.
8. Caso haja — como haverá — interdição do debate sobre esses temas em conjunto (royalties, reforma tributária, dívidas dos estados e FPE/FPM), não podemos admitir o aumento do desequilíbrio federativo. Cabe à União e às empresas petroleiras (entre elas, a Petrobras) assegurar os recursos para satisfazer a necessidade imediata dos estados e municípios não produtores. A conta, repita-se, não pode ser paga pelo Rio de Janeiro e pelo Espírito Santo.

Comparações internacionais apontam o Brasil como um dos que menos tributam o petróleo. Estudo do FMI diz que as participações governamentais brasileiras oscilam de 40% a 60%, enquanto a média mundial supera os 80%. Além disso, as empresas de petróleo possuem um regime de tributação especial, o que contribui para tornar o risco exploratório e os custos de produção os mais baixos do mundo. Há espaço para atualizar as tabelas referentes à cobrança de participação especial, assim como reunimos condições para fixação de alíquota mínima (10%) para a exportação de petróleo e derivados. Isso aumentaria as receitas oriundas do petróleo em cerca de R$ 12 bilhões, que seria destinada integralmente aos estados e municípios não produtores. Ou seja, há alternativas para atender aos entes não produtores sem inviabilizar os estados produtores.

9. O Substitutivo do Senado não respeitou a Constituição Federal ao conferir novos critérios para distribuição dos royalties. Primeiro: o art. 20, § 1º, é claro em dizer que os royalties e a participação especial são devidos aos estados e municípios produtores e aos órgãos da administração direta federal, como compensações pelos impactos econômicos, sociais e ambientais gerados pela atividade exploratória de petróleo, nas localidades produtoras de royalties, há o aumento da demanda por serviços públicos e atividades governamentais nas áreas de exploração. São evidentes os elevados impactos e riscos ambientais impostos aos estados confrontantes às áreas de produção, como demonstra a tragédia ocorrida no Golfo do México e o vazamento de óleo iniciado em 8 de novembro de 2011 no Campo de Frade, na Bacia de Campos, no litoral do Rio de Janeiro, de responsabilidade da Chevron Brasil Petróleo Ltda.

   Segundo: nos termos do entendimento consolidado pelo STF, os royalties são receitas originárias dos estados e municípios produtores e foi instituído pelo legislador constituinte originário exatamente porque a Constituição determinou que o ICMS incidente sobre o petróleo seria cobrado no destino e não na origem (um ganho — royalties — compensaria uma perda — ICMS).

   Terceiro: o projeto do Senado viola os princípios federativos, da igualdade e da segurança jurídica, pois estrangula financeiramente estados e municípios produtores, trata igualmente os desiguais e, mais grave, viola o direito adquirido e o ato jurídico perfeito ao mexer nos contratos já firmados, sob o regime de concessões. O projeto não respeita os contratos. Respeitar o que foi licitado e contratado era condição *sine qua non* para os estados produtores na negociação sobre royalties, o que não foi observado.

10. Considerado o conjunto de receitas arrecadadas pelo Rio de Janeiro, perceber-se-á que o Rio não está nadando em dinheiro. Ao contrário, depois de um longo período de decadência, o Rio de Janeiro começa a se reerguer. Além do desafio de equacionar problemas sociais graves na capital e na região metropolitana (uma das mais pobres do Brasil), o Rio está enfrentando a luta contra o crime organizado pelo controle do território de diversas comunidades. Essa luta não pode parar. O povo do Rio de Janeiro está recobrando sua autoestima e se preparando para os grandes eventos (Rio +20, Jornada Mundial da Juventude, Copa do Mundo de Futebol e Jogos Olímpicos). O Substitutivo do Senado tiraria do estado do Rio, já em 2012, R$ 1,53 bilhão e, do conjunto dos municípios fluminenses, R$ 1,79 bilhão. Até 2020, o estado perderia R$ 23,8 bilhões e os municípios, R$ 25 bilhões. Essa perda representará um obstáculo quase intransponível para a conquista dos desafios mencionados. Quem perde com isso não é só o Rio de Janeiro, mas todo o Brasil, uma vez que o Rio é o principal cartão-postal do Brasil.

Por todos esses motivos, engana-se quem supõe que a questão dos royalties é uma guerra entre dois estados e a Federação. De um lado, Rio de Janeiro e Espírito Santo; de outro, 24 estados e o Distrito Federal. A queda de braço em torno dos royalties não se reduz a um embate entre minoria e maioria. É um erro imaginar que o dilema se esgota em simples disputa por verbas. A problemática menos perceptível, que está na base da controvérsia, é bem mais complexa do que parece, tem raízes mais profundas e produzirá desdobramentos em escala incalculável.

Este livro representa uma pequena contribuição para esse debate tão complexo e apaixonante.

O Capítulo I é dedicado à evolução dos royalties no Brasil. Além de resgatar a legislação que trata do tema, desde a Lei Euzébio Rocha, que criou a Petrobras, analisamos o crescimento da produção de petróleo em nosso país, destacando os marcos regulatórios criados em cada momento histórico para viabilizar essa exploração, com especial ênfase nos regimes de concessão e de partilha. O capítulo é concluído com uma rápida súmula da problemática envolvendo a distribuição dos royalties, desde a aprovação e o veto da Emenda Ibsen/Simon, passando pelo acordo firmado pelo presidente Lula com os governadores em 2010 e expresso no PL nº 8.051/2010, em tramitação na Câmara dos Deputados, até chegar à aprovação pelo Senado do Substitutivo do senador Vital do Rego ao PLS nº 448/2011, aprovado pelo Senado em 19 de outubro de 2011.

O Capítulo II discorre sobre o pacto federativo. Além de resgatar a origem da Federação, caracteriza a tensão, sempre presente, das forças centralizadoras e descentralizadoras dos recursos financeiros entre a União e os estados e municípios. O capítulo conclui que o Brasil vive um nítido desequilíbrio federativo, tendo o poder central como o polo mais forte dessa equação. Além disso, defende a renegociação das dívidas dos estados com a União para permitir um maior equilíbrio entre os entes da Federação.

O Capítulo III também é dedicado à análise do pacto federativo, porém em sua dimensão horizontal. Depois de explicar a relação das oligarquias políticas locais com o poder central, analisa os mecanismos atualmente existentes de transferências de recursos da União para estados e municípios. O capítulo sustenta a inconstitucionalidade do FPE, criado, como se disse, por mero acordo político, sem qualquer critério técnico, e que não representa instrumento de combate às desigualdades regionais. O FPE, na verdade, agrava as distorções federativas. Aborda, ainda, a problemática do ICMS incidente sobre a economia do petróleo, demonstrando que, por ser cobrado no destino, o Rio de Janeiro deixa de receber R$ 6,8 bilhões (2012).

O Capítulo IV é reservado para apresentar o Substitutivo do Senado ao PLS nº 448/2011, demonstrando suas inconstitucionalidades. Com efeito, o texto aprovado atenta contra o art. 20, § 1º, da Constituição Federal, assim como viola os princípios federativos da igualdade e da segurança jurídica.

As Considerações Finais procuram apresentar os desafios que o estado do Rio de Janeiro está vivendo e os impactos negativos que o Substitutivo do Senado causará aos projetos e sonhos do meu estado, caso seja transformado em lei.

Em suma, o debate de royalties deve ser feito em conjunto com outros temas igualmente importantes para os entes da Federação e para o povo brasileiro. O contrato social que deu origem à Federação brasileira está esfacelado, razão pela qual precisamos reconstruir o pacto federativo brasileiro. Este livro representa uma singela contribuição para esse debate.

# Capítulo I

# Evolução dos royalties no Brasil

O petróleo tem suscitado preocupação de lideranças políticas brasileiras desde a década de 1930. Em 1931, escritor Monteiro Lobato organizou a empresa Companhia Petróleos do Brasil, que, dois anos depois, encontrou em Alagoas um pequeno poço de petróleo. Quatro anos depois, Lobato escreveu *O poço do Visconde,* na qual as famosas personagens do escritor paulista encontram petróleo no Brasil pela primeira vez.

A criação do Conselho Nacional do Petróleo em 1938 marcou a intervenção do Estado brasileiro no setor. Em 1941, o Decreto-Lei nº 3.236 determinou que as jazidas de petróleo e de gás passassem a pertencer à União. A Constituição de 1946 permitiu a participação do capital estrangeiro na atividade mineral, inclusive na atividade petrolífera. Em 1948, o presidente Eurico Gaspar Dutra, cujo governo era de inspiração nitidamente liberal, enviou ao Congresso Nacional o projeto de lei criando o "Estatuto do Petróleo", facultando a participação de empreendedores estrangeiros na exploração petrolífera até o limite de 40% do capital.

Com a opinião pública favorável ao monopólio estatal teve início a campanha "O Petróleo é Nosso", que mobilizou principalmente estudantes universitários, trabalhadores, profissionais liberais e militares.

A criação da Petrobras, em 1953, marcou a vitória dessa campanha e representou o primeiro capítulo da mobilização popular no período pós-guerra de nossa República.

No final do primeiro ano de seu mandato presidencial conquistado nas urnas, Getúlio Vargas enviou ao Congresso o projeto de lei da criação da Petrobras. A proposição, contudo, não previa o monopólio estatal do setor. O deputado federal Euzébio Rocha, do PTB, liderou uma reação parlamentar ao texto do projeto e, em diálogo com o próprio presidente da República, apresentou Substitutivo na Comissão de Segurança Nacional, que, depois de aprovado pelo Senado, e novamente pela Câmara, foi transformado na Lei nº 2.004, de 21 de setembro de 1953.

Essa lei dispôs sobre a Política Nacional do Petróleo e criou o monopólio estatal para o setor a ser operado pela Petrobras. Esse processo foi considerado pelo presidente Vargas o "marco de nossa independência econômica". O Brasil, ainda que não possuísse à época reservas relevantes, antecipou-se na garantia da gestão nacional da atividade petrolífera no país, decisão cujo acerto foi referendado pela história subsequente.

A participação no resultado da exploração de petróleo e gás natural ou a compensação financeira por essa exploração, chamada royalties, remonta ao início da indústria petrolífera no Brasil. A mesma Lei nº 2.004/1953 impôs à estatal o dever de pagar indenização correspondente a 5% do valor do produto explorado aos estados, territórios e municípios onde ocorresse a lavra de petróleo e xisto betuminoso, ou a extração de gás natural. Toda a produção brasileira ocorria em terra (*onshore*).

Ao longo da década de 1960, as perspectivas de exploração de petróleo no país eram pouco animadoras. Em 1961, a Petrobras iniciou suas atividades de exploração em mar, que implicaram a descoberta, em 1969, das primeiras reservas submarinas no país, em Sergipe, a uma profundidade de cerca de 80m da superfície. A decisão de investir nessa produção, mesmo em um contexto internacional de baixos preços de petróleo, os quais incentivavam a importação, foi estratégica e também se mostrou acertada no longo prazo.

Nesse período, os royalties pela exploração marítima foram apropriados integralmente pela União.

**Distribuição dos royalties (1969-1985)**

| | Produção em terra | Plataforma continental |
|---|---|---|
| União | – | 100% |
| Estados produtores | 80% | – |
| Municípios produtores | 20% | – |

Esse modelo de tributação, em que cabia aos estados e municípios a integralidade dos royalties por exploração em terra e à União a totalidade das receitas oriundas da produção submarina, vigorou até 1985, quando a Lei nº 7.453 criou regras para o pagamento de compensação quando o óleo ou o gás natural fossem extraídos da plataforma continental. O pagamento passou a ser feito não apenas aos estados e municípios confrontantes com os poços produtores, mas também aos municípios integrantes da área geoeconômica daqueles municípios confrontantes.

**Distribuição dos royalties (Lei nº 7.453/1985)**

| | Produção em terra | Plataforma continental |
|---|---|---|
| União | – | 20% |
| Estados produtores | 80% | 30% |
| Municípios produtores e sua região geoeconômica | 20% | 30% |
| Fundo especial do petróleo | – | 20% |

A partir do momento em que as receitas decorrentes da exploração de petróleo em mar deixaram de ser exclusivas da União, foi necessária a elaboração de critérios para a sua repartição entre os demais entes federativos. Com a Lei nº 7.525/1986 os conceitos de estados e municípios confrontantes e de área geoeconômica foram explicitados. Além disso, a mesma lei estabeleceu que teriam direito a royalties não somente os municípios que possuíssem instalações relacionadas à produção e ao seu escoamento, mas também os municípios contíguos que suportassem as consequências sociais ou econômicas da produção e da exploração de petróleo.

Dessa forma, a lei deixava claro que o fundamento para o pagamento dos royalties não era a propriedade dos bens (o petróleo sempre pertenceu à União), mas a necessidade de indenizar pelo ônus direto ou indireto, real ou potencial, gerado pela atividade de exploração.

Ao analisar essas legislações, o constitucionalista Luís Roberto Barroso sustenta:

> Em primeiro lugar, restava evidente da legislação que o pagamento de royalties aos estados e municípios produtores (nessa expressão já incluídos os confrontantes, como referido) não se dava por conta da propriedade do bem — que já era federal —, mas sim em razão dos ônus causados a alguns dos outros entes pela exploração do petróleo. Em segundo lugar, é interessante observar que a Lei nº 7.453/85 previa também — paralela e independentemente dos pagamentos devidos aos estados e municípios produtores — que 1% do valor dos produtos extraídos seria destinado a um "Fundo Especial a ser distribuído entre todos os estados, territórios e municípios". Os recursos recebidos por todos os entes federativos por conta desse fundo, como se vê, em nada se relacionam seja com os valores a serem pagos aos estados e municípios produtores — as duas previsões coexistem simultaneamente —, seja com a circunstância de serem ou não afetados pela produção e exploração do petróleo.[1]

Com a promulgação da Constituição Federal de 1988, o direito dos entes federativos à compensação financeira pela exploração

[1] BARROSO, Luís Roberto. **Federalismo, Isonomia e Segurança Jurídica:** inconstitucionalidade das alterações na distribuição de royalties do petróleo. Parecer. Disponível em: <http://www.iabnacional.org.br/IMG/pdf/doc-3045.pdf>. Acesso em 1.9.2011. p. 9.

de petróleo, gás natural e outros recursos naturais pertencentes à União ganhou inédito status constitucional, nos termos do art. 20, § 1º, que assim dispôs:

> É assegurada, nos termos da lei, aos estados, ao Distrito Federal e aos municípios, bem como a órgãos da administração direta da União, participação no resultado da exploração de petróleo ou gás natural, de recursos hídricos para fins de geração de energia elétrica e de outros recursos minerais no respectivo território, plataforma continental, mar territorial ou zona econômica exclusiva, ou compensação financeira por essa exploração.

O art. 20, § 1º, da Constituição Federal foi inicialmente regulamentado pela Lei nº 7.990/1989, que explicitou o dever de se pagar uma compensação financeira aos estados e municípios em cujo território se fizesse a lavra, bem como àqueles confrontantes às áreas de produção marítima. A compensação foi fixada no montante de 5% do valor da produção. A lei manteve o fundo criado pela Lei nº 7.525/1986, destinando uma parcela dos royalties a todos os estados, territórios e municípios — agora com o valor reduzido de 1% para 0,5%.

A Lei do Petróleo (Lei nº 9.478/1997), editada na esteira da abertura do mercado levada a efeito pela Emenda Constitucional nº 9/95, assegurou royalties aos órgãos da União e aos estados e municípios produtores, fixados em montante equivalente a 10% da produção de petróleo e gás natural.[2]

Luís Roberto Barroso ensina:

> A despeito de pequenas modificações, um elemento essencial permaneceu inalterado na regulamentação legislativa da matéria, desde o início da exploração do petróleo no Brasil: a existência

[2] A parcela básica de 5% (ou seja, o mínimo que qualquer iniciativa produtiva teria de pagar) continuaria a ser distribuída "segundo os critérios estipulados pela Lei nº 7.990/89". A repartição da parcela que excedesse a 5% seguiria critérios próprios, definidos na nova lei.

de uma retribuição a ser paga em favor dos estados e municípios produtores a fim de compensar os ônus e riscos decorrentes da atividade de exploração, seja em terra, seja na plataforma continental (tanto assim que a Lei nº 2.004/53 chegava a falar em indenização). Retribuição de valor substantivo e que jamais se confundiu com a existência de um fundo geral cujos recursos seriam distribuídos por todos os entes indistintamente, sem qualquer vinculação com os impactos sofridos por conta da exploração e da produção do petróleo. Esse é um dos aspectos relevantes na determinação do sentido e alcance do art. 20, § 1º, da Constituição.[3]

A Lei do Petróleo criou uma nova modalidade de participação governamental nas receitas desse produto. Trata-se da participação especial (PE), que pode ser entendida como uma espécie de Imposto de Renda incidente sobre os poços mais produtivos e, em tese, mais rentáveis. Assim como os royalties, a participação especial é dividida entre a União, os estados e municípios produtores.[4]

Em 1997, quando da edição da lei, a economia do petróleo passava por uma fase de depressão. O barril havia atingido o menor preço médio registrado desde a década de 1970 (US$ 12.72). No entanto, a partir de 1998, o preço do barril voltou a se valorizar, puxado sobretudo pelo crescimento asiático e, posteriormente, dos demais emergentes. Até então, grande parte do petróleo do mundo vinha do Oriente Médio. A instabilidade na região contribuiu para aumentar a incerteza quanto ao futuro da indústria, o que, consequentemente, colaborou para a tendência sustentada de aumento dos preços. A demanda, porém, permaneceu crescente.

---

[3] BARROSO, Luís Roberto. **Federalismo, Isonomia e Segurança Jurídica:** inconstitucionalidade das alterações na distribuição de royalties do petróleo. Parecer. Disponível em: <http://www.iabnacional.org.br/IMG/pdf/doc-3045.pdf>. Acesso em 1.9.2011. p. 11.

[4] Resumidamente, podemos afirmar que os poços não produtivos e não rentáveis ficam isentos de royalties e PE. Os poços pouco produtivos e pouco rentáveis pagam apenas royalties. Apenas os poços muito produtivos e muito rentáveis pagam royalties e PE.

Transformado em *commodity* supervalorizada, o petróleo se tornou um importante ativo para o sistema financeiro, sobretudo no mercado futuro. Entre junho de 2007 e junho de 2008, o preço do barril saltou de US$ 71.20 para US$ 133.05 (valorização de 72,3%). A crise internacional impactou essa onda especulativa. Em janeiro de 2011, o barril custava US$ 102.56, conforme gráfico abaixo. Em outubro desse mesmo ano, o preço encontrava-se em torno de US$ 100 o barril.

**Preço do barril (US$, jan/1998-jan/2011)**

Fonte: International Financial Statistics (IFS) — FMI.

À época da edição da Lei do Petróleo, a produção brasileira era modesta, da ordem de 1 milhão de barris por dia. Com o pré-sal o Brasil se tornou uma das principais frentes de expansão da economia do petróleo no mundo e levou a estatal brasileira à condição de uma das empresas mais lucrativas. Em 2010, a produção atingiu 2,5 milhões de barris por dia.[5]

[5] Dados extraídos de diferentes **Relatórios Anuais da Petrobras**. A lista de corporações mencionada se encontra disponível no site http://money.cnn.com/magazines/fortune/global500/2011/.

## Crescimento da produção de petróleo e gás no Brasil (1997-2010)

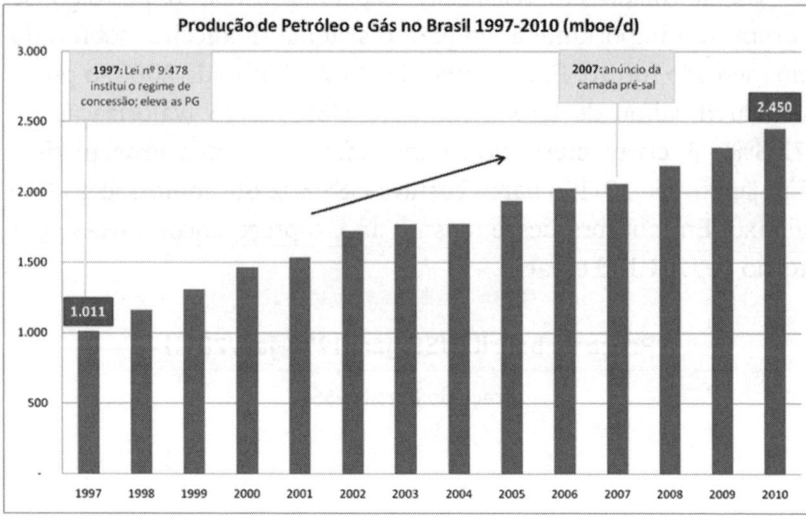


Fonte: ANP.

A expectativa é que em 2020 a produção total de petróleo, incluindo o pré-sal (incluindo-se as áreas já licitadas), chegue a 6,09 milhões de barris por dia, tomando por base projeções da Empresa de Pesquisa Energética (EPE).[6]

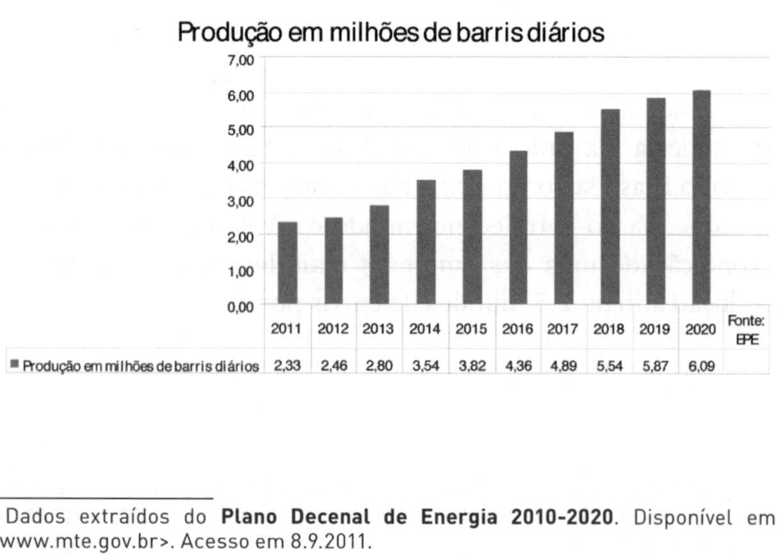


[6] Dados extraídos do **Plano Decenal de Energia 2010-2020**. Disponível em: <www.mte.gov.br>. Acesso em 8.9.2011.

O crescimento da produção resultou em aumento das receitas públicas provenientes da atividade petrolífera. Os royalties e participações especiais que em 1998 totalizavam cerca de R$ 284 milhões, a preços históricos, atingiram, no ano de 2010, o valor de R$ 21,6 bilhões. Na comparação com o PIB e considerada a inflação, o crescimento passou de 0,25% em 2000 para 0,55% em 2003 (primeiro ano de cobrança plena da participação especial), chegando a 0,59% em 2010.

### Royalties e participações especiais (R$, 1998-2010)

Fonte: ANP.

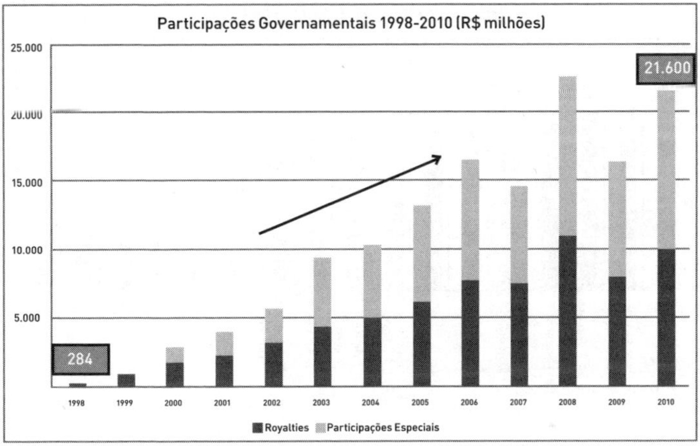


Apesar desse expressivo volume de participações arrecadadas, comparações internacionais apontam o Brasil como um dos países que menos tributam o petróleo. No Brasil, o chamado *government take* (participações governamentais), que envolvem royalties, participações especiais, ICMS, Imposto de Renda e PIS/COFINS, oscila de 40% (terra) a 60% (mar). Estudo do Fundo Monetário Internacional (FMI), realizado em 2010, demonstra que, em países como Rússia e Nigéria, cujo modelo de tributação é centrado nos royalties, como o Brasil, os valores são 83% e 89%, respectivamente.[7]

[7] FMI. **Evaluation of the Oil Fiscal Regime in Russia and Proposals for Reform**. Disponível em: <http://www.imf.org/external/pubs/ft/wp/2010/wp1033.pdf>. Acesso em 1.10.2011.

O Reino Unido aumentou sua fatia de 30% para cerca de 60%, entre 2002-06. Em março de 2011, o governo inglês elevou de 20% para 32% a taxa adicional de lucro de petróleo, equivalente às participações especiais, o que resultou em um *government take* total que varia entre 60% e 82%. Essa taxa adicional só vale enquanto o preço internacional do barril se mantiver acima de £ 75.00, caso contrário vale a alíquota antiga. Mecanismo semelhante foi estabelecido recentemente pela Venezuela, que determinou alíquotas maiores quando o barril atingir US$ 90.00, US$ 95.00 e US$ 100.00.[8]

***Government take* efetivo**

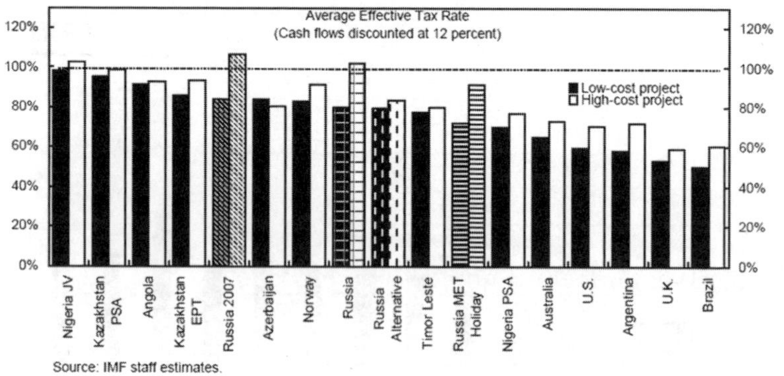


Ao pouco volumoso *government take* se soma o baixo risco exploratório. O estudo do FMI revela também que, supondo uma taxa de lucro mínima para ingresso no setor de 12%, a produção brasileira em campos de altíssimo risco terá garantida sua rentabilidade desde que o preço do barril supere o valor de US$ 60.00. Na Noruega, na Rússia e nos Estados Unidos esses valores são, respectivamente, US$ 95.00, US$ 125.00 e US$ 80.00. A exploração brasileira é viável com custos de produção até US$ 28.00 por barril. Em outros países, somente

[8] FMI. **Evaluation of the Oil Fiscal Regime in Russia and Proposals for Reform**. Disponível em: <http://www.imf.org/external/pubs/ft/wp/2010/wp1033.pdf>. Acesso em 1.10.2011.

será viável se os custos não excederem: US$ 5.00, na Rússia; US$ 15.00, na Noruega; US$ 23.00, nos Estados Unidos.[9]

**Custo máximo de produção (US$/barril)**

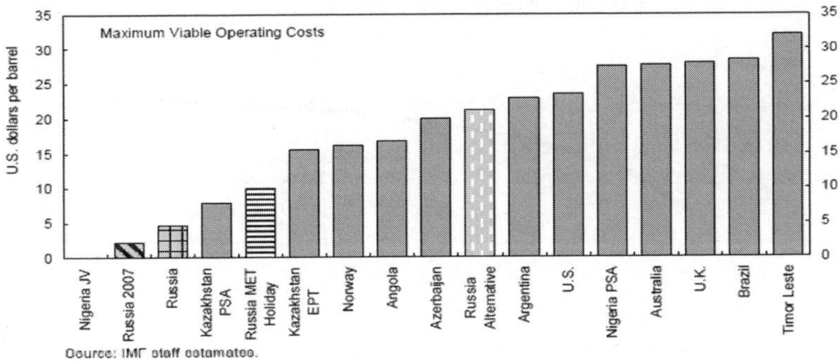


O estudo demonstra ainda que, além de baixo, o *government take* brasileiro é pouco progressivo, o que reforça a crítica especificamente à participação especial, que deveria alcançar a grande produção e, também, a grande rentabilidade.[10]

[9] FMI. **Evaluation of the Oil Fiscal Regime in Russia and Proposals for Reform**. Disponível em: <http://www.imf.org/external/pubs/ft/wp/2010/wp1033.pdf>. Acesso em 1.10.2011.

[10] FMI. **Evaluation of the Oil Fiscal Regime in Russia and Proposals for Reform**. Disponível em: <http://www.imf.org/external/pubs/ft/wp/2010/wp1033.pdf>. Acesso em 1.10.2011.

**Progressividade em relação ao preço do petróleo**

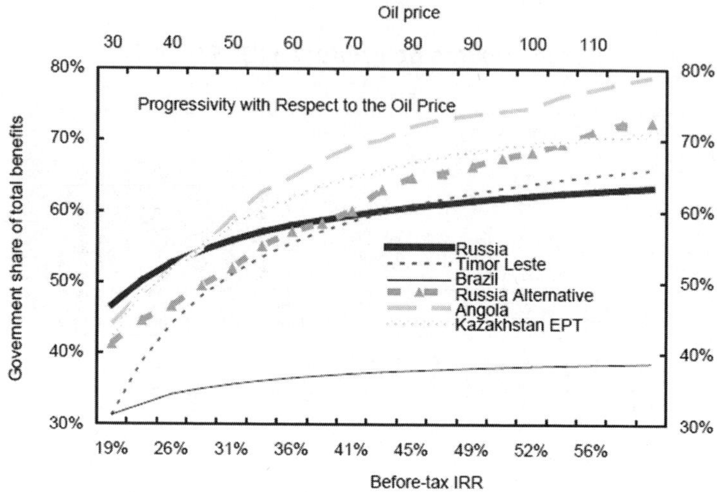


Source: IMF staff estimates.

Sublinhe-se que a Lei do Petróleo foi editada nesse contexto, o que é significativo para os propósitos de nossa reflexão. Um aspecto importante diz respeito à definição de participação especial. Segundo a Lei do Petróleo de 1997, ela deveria ser cobrada "nos casos de grande produção, ou de grande rentabilidade". Todavia, o decreto regulamentador (baixado em 1998, mas que só gerou cobrança a partir de 2000, e ainda com transição que durou até 2003) fixou os percentuais da participação especial levando em consideração apenas o volume da produção. Ignorar a rentabilidade não seria uma distorção maior não tivesse o preço do petróleo disparado depois que foi desenhada a regulamentação da cobrança dessa participação. É como se o Imposto de Renda dos indivíduos fosse cobrado levando em conta a altura e ignorando o salário de cada um.

Para corrigir esta distorção, junto com os senadores Francisco Dornelles, Delcídio do Amaral e Ricardo Ferraço, e com o apoio do senador Marcelo Crivella, apresentamos o Projeto de Lei nº 574/2011, que procurava contemplar a rentabilidade dos poços ao criar um índice de atualização dos preços como um dos fatores para o cálculo da cobrança referente à participação especial. O projeto somente determina a atualização das tabelas, levando em consideração a variação dos preços do barril de petróleo (que saltaram de US$ 15.00, em 1997, para algo em torno de US$ 100.00, em 2011).

Evidencia o desequilíbrio na cobrança da participação especial uma simples comparação entre os poucos campos de produção que pagaram participação especial em 2010 no estado do Rio de Janeiro: Roncador, o que mais pagou, as participações governamentais representaram um terço de sua receita bruta, apesar de sua margem de rentabilidade equivaler a um quarto dessa mesma receita; porém, a mesma margem foi de 43% em Espadarte, que pagou menos de 12% da receita bruta em royalties e participações governamentais.

Indicadores básicos dos campos de participação especial no Rio de Janeiro — 2010

R$ milhões

| Campos PE | Produção [m2] | Receita Bruta | Royalties | Custo sem Royalties | Custo Total | Receita Líquida | Margem=(RB-RL)/RB | Receita PE | Alíquota Betava PE = PE/RL | Particip. Gov. = PE + RO | Carga = PG/RB |
|---|---|---|---|---|---|---|---|---|---|---|---|
| Roncador | 19.042.289 | 16,284 | 1,628 | 2731 | 4,359 | 11,925 | 26,8% | 3,725 | 31,2% | 5,353 | 32,9% |
| Marlim Sul | 14.562.139 | 11,000 | 1,100 | 2639 | 3,739 | 7,261 | 34,0% | 2,002 | 27,8% | 3,102 | 28,2% |
| Marlim | 14.318.594 | 12,559 | 1,256 | 3,605 | 4,851 | 7,688 | 38,7% | 2,186 | 28,4% | 3,442 | 27,4% |
| Marlim Leste | 8.316.579 | 6,177 | 618 | 1,897 | 2,515 | 3,662 | 40,7% | 660 | 18,0% | 1,277 | 20,7% |
| Barracuda | 6.154.060 | 4,913 | 492 | 814 | 1,305 | 3,612 | 26,6% | 504 | 13,9% | 995 | 20,2% |
| Albacora Leste | 5.262.088 | 4,339 | 438 | 682 | 1,118 | 3,241 | 25,6% | 375 | 11,8% | 811 | 18,6% |
| Albacora | 4.548.335 | 4,053 | 408 | 1,113 | 1,519 | 2,544 | 37,4% | 261 | 10,2% | 867 | 16,4% |
| Caratinga | 2.881.742 | 2,374 | 237 | 631 | 868 | 1,506 | 35,6% | 67 | 4,4% | 304 | 12,8% |
| Espadarte | 2.334.697 | 1,880 | 188 | 630 | 818 | 1,062 | 43,5% | 32 | 3,0% | 220 | 11,7% |
| Cherne | 1.323.040 | 1,029 | 103 | 258 | 362 | 667 | 35,2% | 8 | 1,7% | 111 | 10,7% |
| = SOMA | 78.743.562 | 64,643 | 6,464 | 15,001 | 21,465 | 43,178 | 33,2% | 9,818 | 22,7% | 16,282 | 25,2% |

* * *

A Lei do Petróleo instituiu o chamado regime de concessões para exploração de petróleo e gás natural. Nesse sistema, a propriedade do óleo após a produção é da empresa concessionária — selecionada por meio de processo de licitação — durante o período da concessão. Em troca desse direito, a empresa se compromete a realizar esforços exploratórios mínimos, a pagar ao Estado tributos, royalties e participação especial, e algumas vezes se compromete com outra obrigação, como a contratação de bens e serviços no mercado local.

A tabela a seguir apresenta a distribuição dos royalties e participação especial no regime de concessões, conforme a legislação atualmente em vigor (Lei nº 7.990/1989 e Lei nº 9.478/1998).

**Distribuição das participações governamentais**
**Royalties e PE na legislação atual**

| Legislação atual | Royalties | PE | | |
|---|---|---|---|---|
| | Mar | Terra | Mar | Terra |
| Estados produtores | 26,25% | 61,25% | 40,00% | 40,00% |
| Municípios produtores | 26,25% | 17,50% | 10,00% | 10,00% |
| Municípios afetados | 8,75% | 8,75% | – | – |
| Todos os estados — FPE | 1,75% | – | – | – |
| Todos os municípios — FPM | 7,00% | – | – | – |
| União | 30,00% | 12,50% | 50,00% | 50,00% |
| Total | 100,00% | 100,00% | 100,00% | 100,00% |

Essas alíquotas renderam participações governamentais no montante de R$ 21,6 bilhões em 2010, dos quais 9,9 provenientes de royalties e 11,7 de participações especiais. Ainda que o volume seja expressivo, equivaliam a 0,59% do PIB — menos do que chegaram a gerar dois e quatro anos antes (0,75% em 2008 e 0,70% em 2006).

**Royalties e PE entre 2005 e 2010**

| | | 2005 | 2006 | 2007 | 2008 | 2009 | 2010 |
|---|---|---|---|---|---|---|---|
| Royalties | União | 1.699,7 | 2.122,7 | 2.073,7 | 3.056,9 | 2.242,9 | 2.807,1 |
| | Estados | 1.984,3 | 2.380,4 | 2.291,2 | 3.293,6 | 2.386,2 | 2.942,1 |
| | Municípios | 2.110,8 | 2.612,3 | 2.541,1 | 3.704,1 | 2.699,3 | 3.356,9 |
| | PE | 411,1 | 588,0 | 576,6 | 855,3 | 629,2 | 789,8 |
| | Depósitos judiciais | 0,0 | 0,0 | 8,1 | 28,5 | 25,9 | 34,0 |
| TOTAL Royalties | | 6.206,1 | 7.703,6 | 7.490,6 | 10.937,8 | 7.983,7 | 9.930,0 |
| | | | | | | | |
| Participação especial | União | 3.482,6 | 4.420,0 | 3.588,8 | 5.855,4 | 4.226,4 | 5.835,0 |
| | Estados | 2.785,9 | 3.536,0 | 2.871,0 | 4.684,3 | 3.381,1 | 4.668,0 |
| | Municípios | 696,7 | 884,0 | 717,7 | 1.171,7 | 845,3 | 1.167,0 |
| | Depósitos judiciais | 0,0 | 0,0 | 0,0 | 0,0 | 0,0 | 0,0 |
| TOTAL PE | | 6.965,2 | 8.840,0 | 7.177,5 | 11.710,8 | 8.452,8 | 11.670,0 |
| Taxa ocupação | | 125,3 | 126,2 | 135,0 | 139,7 | 146,4 | 168,4 |
| Bônus assinatura | | 0,0 | 1.088,8 | 31,4 | 2.228,1 | 80,2 | 4,4 |
| TOTAL GERAL | | 13.296,6 | 17.758,6 | 14.834,6 | 25.016,4 | 16.663,2 | 21.772,8 |

(Valores em milhões R$)

Fonte: ANP, ago/2011

Para uma análise mais abrangente da contribuição do setor para as finanças públicas e a economia é preciso considerar também os impostos, as contribuições e as taxas pagas pelas empresas que atuam no setor. A Receita Pública Total (RPT) do petróleo, como dissemos, não inclui apenas royalties e participações especiais: envolve outras contas bastante significativas, como tributos federais e estaduais. A Receita Pública Total dá uma dimensão mais fiel dos recursos que são extraídos do setor, bem como da divisão desse montante entre as esferas do governo.

O diagrama a seguir, apresentado pelo governador Sérgio Cabral em audiência no Senado Federal, permite que esta divisão seja visualizada e mensurada em grandezas gerais, em relação à receita de petróleo gerada no estado do Rio de Janeiro.

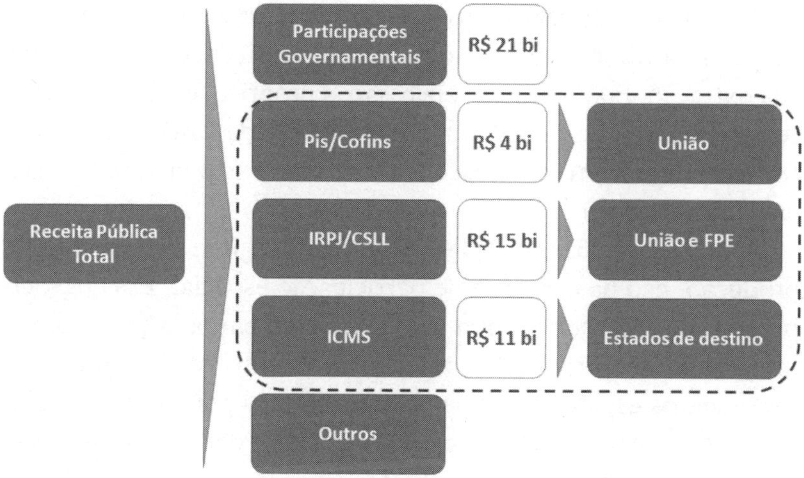


Como se pode notar, a RPT do petróleo extraída em 2010 no estado do Rio de Janeiro foi da ordem de R$ 51 bilhões. A União e os estados não produtores já foram os que detiveram a maior parcela dessa receita — a primeira, ao arrecadar imposto e contribuição sobre as vendas e o lucro das concessionárias; e os demais estados, porque o ICMS não incide sobre operações interestaduais de petróleo.

Em função das recentes descobertas de óleo na camada do pré-sal, o Poder Executivo Federal propôs e aprovou no Congresso a substituição do regime de concessões pelo de partilha de produção, a ser utilizado nas áreas do pré-sal e também em outras consideradas estratégicas.

A Lei nº 12.351/2010 define o modelo de partilha como o regime de exploração e produção de petróleo, de gás natural e de outros hidrocarbonetos fluidos, no qual o contratado exerce, por sua conta e risco, as atividades de exploração, avaliação, desenvolvimento e produção. No caso de descoberta comercial, o contratado adquire o direito à apropriação do custo, em óleo, da produção correspondente aos royalties devidos, bem como de parcela do excedente, em óleo, na proporção, em condições e em prazos estabelecidos em contrato.

A principal diferença entre o regime de concessão e o regime de partilha diz respeito ao direito de propriedade do óleo após sua extração. Enquanto na concessão, a propriedade é da empresa concessionária; na partilha, a propriedade é da União, que repartirá a produção, em volume, com a empresa (partilha de produção/*production sharing*).

A Lei nº 12.351/2010 dispõe que, no regime de partilha de produção, não há cobrança de participação especial. Essa participação especial é substituída pelo excedente em óleo (lucro óleo), integralmente apropriado pela União. Assim, com a aprovação dessa lei, os estados e municípios produtores perderam o direito de receber participação especial do petróleo e derivados nas novas áreas que vierem a ser licitadas para extração de óleo no pré-sal.

Essa mudança é muito relevante, já que, no modelo atual, como vimos, a participação especial supera o valor arrecadado a título de royalties.

Além disso, como a União possui imunidade tributária, todos os entes da Federação serão prejudicados, já que não incidirão sobre o excedente em óleo os tributos que atualmente incidem sobre as concessionárias (caso do PIS/Cofins, Imposto de Renda e CSLL, e talvez até mesmo do ICMS estadual).

Ao remeter ao Congresso os projetos de lei, definindo o novo marco regulatório do petróleo para as áreas do pré-sal, o presidente Lula fez questão de esclarecer que as novas regras passariam a vigorar apenas para as áreas a serem licitadas no regime de partilha. Ou seja, aquilo que foi licitado sob regime de concessão estava garantido aos estados e municípios produtores. Ocorre que, durante a tramitação dos projetos, foram aprovadas emendas parlamentares que mudaram os critérios de distribuição de royalties e participação especial, tanto para o regime de concessões quanto para o regime de partilha.

Conhecidas como Emenda Ibsen, na Câmara dos Deputados, e como Emenda Simon, no Senado Federal, tais alterações retiravam dos estados e dos municípios produtores e afetados direitos dos quais até então desfrutavam em razão da produção de petróleo na plataforma continental, no mar territorial e na zona econômica exclusiva. Segundo as emendas, as participações ou compensações previstas no art. 20, § 1º, da Constituição Federal não mais caberiam aos estados e municípios diretamente afetados pela atividade de extração petrolífera, passando a ser distribuídas, indistintamente, a todos os estados e municípios da Federação, por meio de fundos de participação (FPE e FPM).[11]

Projeções da ANP apontam que, neste ano de 2011, as participações governamentais (royalties + participação especial) podem somar R$ 24,6 bilhões. A União receberá R$ 9,9 bilhões. Por sua vez, R$ 8,2 bilhões serão repartidos entre estados confrontantes. Desse valor, R$ 6,7 bilhões serão destinados ao estado do Rio de Janeiro, maior produtor nacional.

Como a cota do estado do Rio de Janeiro no FPE é 1,53%, caso as Emenda Ibsen/Simon fossem aprovada em definitivo, o estado do Rio de Janeiro receberia, em 2011, a título de royalties e participação especial, apenas R$ 376,38 milhões, o que representaria uma perda anual de R$ 6,3 bilhões.[12]

Diante dessa perspectiva, a preocupação com o assunto extrapolou os limites do debate parlamentar e alcançou a sociedade civil. A insatisfação popular culminou com a participação de 100 mil pessoas em uma passeata em defesa do estado do Rio de Janeiro em 2010.

---

[11] Nos termos da Emenda Ibsen, seria suprimido o pagamento de royalties e participações especiais aos estados e municípios produtores e confrontantes, não apenas em relação aos contratos futuros, mas também em relação àqueles já firmados sob a vigência da Lei nº 9.478/97. Esses valores seriam, então, redirecionados a dois fundos e repartidos entre todos os estados e municípios da Federação, segundo os critérios de distribuição do Fundo de Participação dos Estados (FPE) e do Fundo de Participação dos Municípios (FPM). Essa ideia foi mantida pela Emenda Simon, que ressalvou apenas o caso dos municípios "afetados pelas operações de embarque e desembarque de petróleo e gás natural, na forma e critério estabelecidos pela ANP", conforme previsto no art. 49, II, d, da Lei nº 9.478/97.

[12] A Emenda Ibsen/Simon ainda dispunha que a União seria obrigada a compensar os estados produtores que perdessem receita: usava como parâmetro de compensação a receita recebida em 2010, mas não explicava a fonte dos recursos. Este preceito foi uma das razões invocadas pelo presidente para vetar a regra.

Atendendo ao clamor popular e ciente de que as emendas quebrariam os estados e municípios do Rio de Janeiro e do Espírito Santo, o então presidente Lula vetou as emendas Ibsen/Simon (art. nº 64 da Lei nº 12.351/2010) e encaminhou à Câmara dos Deputados o PL nº 8.051/2010, que trata do pagamento e da distribuição dos royalties devidos em função da produção de petróleo e derivados sob o regime de partilha de produção em áreas do pré-sal e em áreas estratégicas.

Esse projeto foi amplamente negociado com todos os estados e municípios brasileiros. Nos termos desse acordo, estados e municípios produtores cederiam parte das receitas que receberiam no futuro. Não seriam alteradas as regras de distribuição dos royalties devidos sob o regime de concessão. Para o regime de partilha da produção, a proposição aumentava a alíquota de 10% para 15%, conforme demonstra a tabela abaixo.

**Distribuição dos royalties — Legislação atual e PL nº 8.051/2010**

| | Concessão* | Partilha** |
|---|---|---|
| | Alíquota dos royalties: 10% | Alíquota dos royalties: 15% |
| | Distribuição | Distribuição |
| Total | 100% | 100% |
| Municípios confrontantes | 26,25% | 6% |
| Municípios com instalações | 8,75% | 3% |
| Estados confrontantes | 26,25% | 25% |
| Fundo Especial | 8,75% | 44% |
| União | 30,00% | 22% |

* Lei nº 7.990/1989 e Lei nº 9.478/1998.

** PL nº 8.051/2010.

A tabela informa que, no regime de concessões (Lei nº 7.990/1989 e Lei nº 9.478/1998), a distribuição dos royalties é a seguinte: a União recebe 30%, os estados e municípios produtores e afetados ficam com 61,25% e os estados e municípios não produtores percebem, por meio de fundo especial, 3%.

No regime de partilha, o PL nº 8.051/2010 modifica completamente esse quadro, em claro benefício dos estados não produtores. Isso porque a União passaria a receber 22%, os estados e municípios produtores e afetados ficariam com 34% e o Fundo Especial passaria a perceber 44%.

Os estados e municípios não produtores aumentariam suas receitas de 8,75% para 44%. Os estados e municípios produtores abririam mão de 27,25%, já que passariam a receber, em vez de 61,25%, apenas 34%. A União perderia 8%, passando de 30% para 22%. Portanto, não é correta a informação de que teria havido intransigência por parte dos representantes dos estados produtores. O acordo firmado, naquela oportunidade, pelo governador Sérgio Cabral com o então presidente Lula, envolvendo outros governadores e lideranças, previa a assunção de uma cota severa de sacrifício, por parte do Rio de Janeiro e do Espírito Santo, com o compromisso de que se respeitassem os contratos já firmados sob regime de concessão.

O PL nº 8.051/2010 refletia esse amplo acordo firmado pelo presidente Lula. Infelizmente, a proposição está parada na Câmara dos Deputados: não foi votada.

Ao invés de votar a proposta do presidente Lula, representantes de estados não produtores passaram a defender a derrubada do veto presidencial às Emendas Ibsen/Simon. Depois, conscientes das inconstitucionalidades das Emendas Ibsen/Simon, seus defensores investiram na formulação de proposições alternativas, que garantissem a realização de seus propósitos. O presidente do Congresso Nacional, José Sarney (PMDB/MA), estabeleceu prazo para aprovação de texto alternativo, sob pena de convocação de sessão do Congresso Nacional para apreciação do veto. A pressão parlamentar culminou com a aprovação pelo Senado Federal, em 19 de outubro de 2010, do Substitutivo do senador Vital do Rego ao PLS nº 448/2011, de autoria do senador Wellington Dias. Esse Substitutivo, no entanto, é tão inconstitucional e nocivo aos estados produtores quanto as Emendas Ibsen/Simon.

# Capítulo II

## Royalties e pacto federativo: concentração de poderes na União

O debate em torno da distribuição das rendas do petróleo está intimamente relacionado à questão do pacto federativo. Há vários modos de demonstrá-lo, assim como são diversas as conexões entre esses temas. Comecemos destacando o seguinte: ao estabelecer a arquitetura fiscal da Federação brasileira, o legislador constituinte de 1988 assegurou aos estados e municípios participação ou compensação na exploração de petróleo e gás natural, além de recursos hídricos e minerais, entendidas pelo STF como "receitas originárias". Por outro lado, a Constituição criou uma regra excepcional no ICMS para as mesmas bases, inclusive petróleo e derivados, não incidindo nas operações interestaduais, o que significa que, ao contrário das demais mercadorias e serviços, toda a receita da atividade petrolífera cabe ao estado onde são consumidos.

É preciso considerar as diversas variáveis que incidem sobre nosso federalismo fiscal, em particular é urgente negociar uma reforma tributária, a definição de novos critérios para os fundos de participação de estados e municípios, as dívidas dos estados, bem como a melhor alocação de responsabilidades pela prestação de serviços públicos entre os entes federativos. É indispensável colocar sobre a mesa de negociação todas essas questões, já que, tomada isoladamente, sem levar em conta os múltiplos aspectos do pacto federativo gestado na Constituinte de 1988, não se pode compreender adequadamente a distribuição dos royalties.

O cerne da questão, portanto, é a Federação. Que tipo de pacto federativo temos e queremos para o Brasil?

A Federação é uma forma de Estado complexa, que remonta à Constituição dos Estados Unidos da América (1787). A união das colônias inglesas que haviam se declarado independentes politicamente da Inglaterra (1776)[13] deu origem à primeira Federação da história.

Os chamados "pais fundadores" estabeleceram o federalismo como uma estrutura de relações entre entes independentes e coordenados, na qual cada estado e a União gozavam de ampla autonomia na sua área de competência. Daí o nome ESTADOS UNIDOS. Antes da experiência federativa, os estadunidenses viveram uma curta experiência confederativa, caracterizada pela manutenção, por parte dos Estados-partes, de sua soberania. Na Federação não existe direito de secessão (direito de desligar-se da União). Apenas o Estado federal é soberano. Os Estados-partes têm autonomia, porém limitada, nos termos da Constituição.

De acordo com Dalmo Dallari, a união fez nascer um novo Estado e, consequentemente, aqueles que aderiram à Federação perderam a condição de Estados. A base jurídica do Estado Federal é uma Constituição, não um tratado, como ocorre com as confederações.

---

[13] Em 1776, as Treze Colônias britânicas na América se declararam independentes e cada uma passou a se intitular um novo Estado soberano. Esses Estados soberanos firmam, através de tratado internacional, os Artigos da Confederação, pelo qual eles se protegeriam da Inglaterra, permitindo-se, ainda, que cada um pudesse se retirar da confederação a qualquer tempo. Diante da enorme ameaça que os ingleses representavam, os Estados confederados se reúnem na cidade da Filadélfia, em 1787, e estruturam as bases para a Federação norte-americana, criando, assim, os Estados Unidos da América, autônomos entre si, mas unidos pela Constituição norte-americana, aprovada ao final da Convenção da Filadélfia. Para melhor entendimento da matéria, recomenda-se a leitura de **O federalista** (Federalist Papers), série de 85 artigos, escritos por James Madison, Alexander Hamilton e John Jay, defendendo a forma federativa de Estado.

A Federação é expressa na UNIÃO de estados. A ela se opõe o Estado Unitário, no qual há um único centro de poder político.

O Brasil nasceu como Estado Unitário, mas o debate federativo esteve presente, intermitentemente, no período da Colônia, intensificando-se ao longo do século XIX com a vinda da corte e, posteriormente, com o conflituoso processo da independência. Lembremo-nos de que a Inconfidência Mineira não é inteligível fora do contexto da disputa entre as forças que defendiam a unidade nacional e os projetos autonomistas de distintos atores e regiões. Na Constituinte de 1823, causou polêmica uma emenda do deputado Antônio Ferreira França, que postulava a ideia de que o império brasileiro deveria "compreender confederalmente as províncias". Essa emenda correspondia mais a uma espécie de "Federação monárquica" do que a uma confederação,[14] mas foi rejeitada sob a alegação de que haveria incompatibilidade entre o sistema monárquico e a forma de Estado não unitária.[15] O imperador dom Pedro I fechou a Constituinte e outorgou a Constituição de 1824, instituindo uma monarquia unitária.

As tensões pela descentralização política e fiscal estenderam-se ao longo de todo o período imperial, ora com energia explosiva, potencial ou efetivamente insurrecional, ora com pretensões limitadas, sem ameaçar a tendência hegemônica. Exemplo do primeirotipo foi a Confederação do Equador (1824-25, Pernambuco).[16]

---

[14] RABAT, Márcio Nuno. **A Federação:** centralização e descentralização do poder político no Brasil. Estudo da Consultoria Legislativa da Câmara dos Deputados, agosto/2002. Disponível em: <http://bd.camara.gov.br/bd/bitstream/handle/bdcamara/1460/federacao_centralizacao_rabat.pdf?sequence=1> Acesso em 1.10.2011. p. 8-9.

[15] RABAT, Márcio Nuno. **A Federação:** centralização e descentralização do poder político no Brasil.Estudo da Consultoria Legislativa da Câmara dos Deputados, agosto/2002. Disponível em: <http://bd.camara.gov.br/bd/bitstream/handle/bdcamara/1460/federacao_centralizacao_rabat.pdf?sequence=1>. Acesso em 1.10.2011. p. 9.

[16] Muitos esquecem que nas décadas seguintes à Independência eclodiram vários movimentos separatistas, que foram enfrentados e derrotados pelo poder central com o máximo de rigor — para não falar de violência e mortes.

> Para Márcio Nuno Rabat,
>
> O próprio poder central era constituído, em parte, como uma espécie de condomínio dos potentados regionais, em particular das regiões mais ricas. Os órgãos que representavam, por excelência, esse condomínio político eram o Senado vitalício e o importantíssimo Conselho de Estado. O poder central não apenas apoiava as oligarquias locais quando confrontadas com eventuais rebeliões populares, como constituía uma forma de garantia, em última instância, do regime escravista.[17]

Essa engenharia oligárquica e conservadora atravessou a fronteira de regimes e perdurou durante todo o período da Primeira República.

A Proclamação da República, em 1889, transformou em estados autônomos as províncias existentes durante o Império. A Constituição de 1891 contemplou vários anseios federalistas de nomes ilustres, como Rui Barbosa. A tal ponto que se implantou o novo regime sob o nome de "Estados Unidos do Brazil". Aliás, Rui Barbosa costumava dizer que era republicano não por ser contra o Império, mas porque o Império não era federalista.

Diferente do que ocorreu nos Estados Unidos, em que a Federação teve origem na união de vários Estados soberanos que se agregaram em um movimento centrípeto, a Federação brasileira teve origem em um Estado Unitário que se dividiu, em uma dinâmica centrífuga. Com o surgimento da Federação, os Estados passaram a ter competência para legislar sobre diversos temas que antes escapavam a seu domínio. O contraste entre as duas federações também envolveu uma radical diferença na estruturação do sistema tributário: enquanto o norte-americano optou por isentar exportações e tributar pesadamente a propriedade, o brasileiro seguiu o caminho exatamente inverso — aliás, até hoje, os exportadores não recuperam crédito de insumos, e o Imposto

---

[17] RABAT, Márcio Nuno. **A Federação:** centralização e descentralização do poder político no Brasil. Estudo da Consultoria Legislativa da Câmara dos Deputados, agosto/2002. Disponível em: <http://bd.camara.gov.br/bd/bitstream/handle/bdcamara/1460/federacao_centralizacao_rabat.pdf?sequence=1>. Acesso em 1.10.2011. p. 8-9.

Territorial Rural (ITR) deve arrecadar em todo o país menos do que o IPTU cobrado no bairro de Copacabana.

A descentralização deu força à chamada "política dos governadores", que expressava o controle do poder político pelas oligarquias rurais, em especial as exportadoras, interessadas em políticas econômicas liberais.

Apesar de dominante, essa tendência não pode ser considerada regra absoluta, pois, como sustenta Márcio Nuno Rabat, "a política de governadores tem aspectos que relativizam a ideia de inexistência de um poder central forte". [18]

O fato de a Federação brasileira não ter nascido de alguma coalizão "de baixo para cima", mas por decisão "de cima", mediante fragmentação do Estado Unitário, talvez seja uma das hipóteses para explicar as tensões, sempre presentes, e a tendência a concentrar poderes na União, em detrimento de estados e municípios.

Todas as Constituições republicanas (1891, 1934, 1937, 1946, 1967, 1969 e 1988) mantiveram a forma federativa de Estado, com distintos graus de autonomia dos entes. Por essa razão, podemos afirmar que "a Federação brasileira é um arranjo complexo em que convivem tendências centralizadoras e descentralizadoras, impulsionadas por diferentes forças, com motivações diversas, produzindo resultados variados".[19]

A ascensão de Getúlio Vargas à Presidência da República, em 1930, e o estabelecimento do regime autoritário do Estado Novo, em 1937, ampliou a centralização de poderes na União. A abertura política e a mobilização social que precedeu a Constituição de 1946 não lograram êxito em criar uma Federação com mais autonomia para os estados.

---

[18] RABAT, Márcio Nuno. **A Federação:** centralização e descentralização do poder político no Brasil. Estudo da Consultoria Legislativa da Câmara dos Deputados, agosto/2002. Disponível em: <http://bd.camara.gov.br/bd/bitstream/handle/bdcamara/1460/federacao_centralizacao_rabat.pdf?sequence=1>. Acesso em 1.10.2011. p. 11

[19] ALMEIDA, Maria Hermínia Tavares de. **Recentralizando a Federação?** Revista de Sociologia Política. Curitiba, nº 24, jun. 2005. p. 29.

O projeto centralizante teve continuidade, no plano administrativo, mesmo durante o período de 1945-64, em que o funcionamento regular dos mecanismos eleitorais de escolha de representantes, nos três níveis da Federação, potenciou o federalismo no plano político. Aliás, a tendência centralizadora tivera início e continuidade nos Estados Unidos, a partir da depressão de 30, sem o concurso de qualquer ruptura do regime representativo. No Brasil, a força desse padrão administrativo é mostrada pela volta de Getúlio Vargas à Presidência, pelo voto, no começo da década de 50.[20]

O processo de centralização, que não se perdera sob a vigência da Constituição de 1946, foi, ainda, fortalecido, a partir do golpe militar de 1964, quando o Estado de Direito foi substituído por um regime ditatorial. A Reforma Tributária do governo do presidente Castello Branco (EC nº 18/1965, regulamentada pelo Código Tributário Nacional — Lei nº 5.172/1966) promoveu o primeiro sistema de transferência intergovernamental de recursos da esfera federal para os entes subnacionais, por meio dos fundos de participação — Fundo de Participação dos Estados (FPE) e Fundo de Participação dos Municípios (FPM). Essa iniciativa foi importante, mas não teve impacto significativo no processo de descentralização do poder da União.

Em 1964, o advento do regime militar abriu uma fase de duas décadas de centralização, que serviu tanto à reforma fiscal, na primeira metade do período, concentrando receitas e comando dos gastos em mãos da União, quanto ao controle político e social de que o regime de força necessitava. No auge da centralização financeira, em 1980, o governo central respondia por quase 70% do gasto público nacional e da receita tributária disponível (após

[20] RABAT, Márcio Nuno. **A Federação:** centralização e descentralização do poder político no Brasil. Estudo da Consultoria Legislativa da Câmara dos Deputados, agosto/2002. Disponível em: <http://bd.camara.gov.br/bd/bitstream/handle/bdcamara/1460/federacao_centralizacao_rabat.pdf?sequence=1>. Acesso em 1.10.2011. p. 8-9.

transferências constitucionais), contra uma participação inferior a 60% em 1960.[21]

Para Fernando Rezende, a centralização tributária promovida pelos militares "tinha por objetivo, entre outros, assegurar o apoio político de estados mais pobres e de municípios de menor porte, mediante a aplicação direta de recursos do orçamento federal e a participação garantida nos fundos compensatórios então criados".[22] No mesmo sentido, Fernando Abrucio entende que "o resultado dessas reformas foi uma maior centralização das receitas tributárias nas mãos da União, além do aumento do controle do Governo Federal sobre as transferências intergovernamentais".[23] Ainda conforme Abrucio:

> O ente federativo mais prejudicado foi o estado-membro. O objetivo do governo militar era claro: o enfraquecimento financeiro — como também administrativo e político — inviabilizaria o exercício pelas unidades estaduais da função de contrapeso ao poder central, o que historicamente foi norma no federalismo brasileiro.

O afrouxamento do regime militar reacendeu o debate federativo. Maria Hermínia Tavares de Almeida lembra:

> A descentralização foi um tema central da agenda da democratização, nos anos 1980, como reação à concentração de decisões,

[21] SERRA, José; AFONSO, José Roberto. **O federalismo fiscal à brasileira**: algumas reflexões. Disponível em: <http://www.bndes.gov.br/SiteBNDES/export/sites/default/bndes_pt/Galerias/Arquivos/bf_bancos/e0001793.pdf>. Acesso em: 1.10.2011. p. 5.

[22] REZENDE, Fernando. **Federalismo fiscal no Brasil**. Revista de Economia Política, vol. 15, nº 3 (59), julho-setembro/1995. p. 7.

[23] ABRUCIO, Fernando Luiz. **Os barões da Federação**: os governadores e a redemocratização brasileira. Hucitec, 2ª. ed. São Paulo, 2002, p.66. "O fortalecimento da União e o enfraquecimento dos estados na área tributária podem ser confirmadas pelas seguintes medidas adotadas: a União ficou com 10 impostos e os estados e municípios com dois, cada. O Governo Federal adquiriu dois impostos que na estrutura anterior pertenciam às unidades subnacionais — o de exportação, que era importantíssimo para os estados, e o imposto sobre a propriedade rural, que era dos municípios."

recursos financeiros e capacidade de gestão no plano federal, durante os 20 anos de autoritarismo burocrático.

Nessas circunstâncias, a descentralização foi defendida tanto em nome da ampliação da democracia quanto do aumento da eficiência do governo e da eficácia de suas políticas. Supunha-se que o fortalecimento das instâncias subnacionais, em especial dos municípios, permitiria aos cidadãos influenciar as decisões e exercer controle sobre os governos locais, reduzindo a burocracia excessiva, o clientelismo e a corrupção.[24]

A Constituição de 1988 traduziu o anseio por descentralização compartilhado pelas forças democráticas predominantes.[25] O novo texto dispõe que a República Federativa do Brasil é formada pela união indissolúvel dos estados e municípios e do Distrito Federal e constitui-se em Estado Democrático de Direito. Diz ainda que nossa organização político-administrativa compreende a União, os estados, o Distrito Federal e os municípios, "todos autônomos, nos termos desta Constituição" (CF, arts. 1º e 18).

A Federação foi redesenhada em benefício dos estados e, sobretudo, dos municípios, transformados em entes federativos, caso único no planeta. Como entes integrantes da Federação, os municípios passaram a ter mais atribuições em matéria de prestação de serviços públicos, bem como uma pequena ampliação em sua competência tributária própria.

---

[24] ALMEIDA, Maria Hermínia Tavares de. **Recentralizando a Federação?** Revista de Sociologia Política. Curitiba, nº 24, jun. 2005. p. 29.

[25] "Embora a força de governadores e prefeitos tenha crescido de modo significativo, durante a transição do autoritarismo para a democracia, a existência de normas constitucionais favorecendo a descentralização não pode ser explicada apenas por sua influência direta. Os governadores foram ativos durante os trabalhos da Constituinte, assim como o foram os prefeitos, suas associações e seus assessores. De outra parte, cerca de metade dos constituintes ocuparam previamente postos nos governos e/ou assembleias subnacionais. Mas o apoio à descentralização era mais amplo e incluía as forças políticas mais importantes, tivessem ou não relação com interesses subnacionais. Democracia com descentralização era uma ideia-força, e como tal tinha gravitação própria" (ALMEIDA, Maria Hermínia Tavares de. **Recentralizando a Federação?**, Revista de Sociologia Política. Curitiba, nº 24, jun. 2005. p. 32).

No que tange ao federalismo fiscal (espinha dorsal das relações intergovernamentais), a Carta Magna de 1988 fixou as competências de União, estados, Distrito Federal e municípios para instituição e arrecadação de tributos e contribuições. Apesar de avançar em relação ao período anterior, o texto constitucional manteve grande parte da arrecadação na União.

Maria Hermínia Tavares de Almeida diz que "a forma como os recursos fiscais e parafiscais são gerados e distribuídos entre os diferentes níveis de governo define, em boa medida, as feições da Federação".[26]

No período imediatamente posterior à promulgação da Constituição houve um processo singelo, mas importante, de descentralização de recursos. Além da ampliação da competência para tributar, as receitas transferidas aos estados e municípios também se expandiram.

> Em 1985, o Fundo de Participação dos Estados (FPE) e o Fundo de Participação dos Municípios (FPM) chegavam, respectivamente, a 14% e 16% das receitas federais provenientes de impostos. Em 1993, eles atingiram 21,5% e 22,5%. Ademais, 10% do Imposto sobre Produtos Industrializados (IPI) foram destinados a um fundo de compensação para os estados que deixaram de taxar suas exportações de manufaturados e 3% do Imposto de Renda e do IPI foram alocados em um fundo de desenvolvimento regional, que deveria apoiar projetos no Norte, Nordeste e Centro-Oeste do país.[27]

Para Fernando Rezende e José Roberto Afonso, ainda que tenha ampliado a porção das receitas fiscais da União compartilhadas com estados e municípios, a Constituição Federal permitiu a expansão dos recursos do Governo Federal por meio de contribuições sociais, cujo objetivo deveria ser o financiamento das políticas sociais. Na década de 1990, os recursos não partilhados, à

[26] ALMEIDA, Maria Hermínia Tavares de. **Recentralizando a Federação?** Revista de Sociologia Política. Curitiba, nº 24, jun. 2005. p. 29.

[27] ALMEIDA, Maria Hermínia Tavares de. **Recentralizando a Federação?** Revista de Sociologia Política. Curitiba, nº 24, jun. 2005. p. 32.

disposição da União, foram aumentados com a criação de diversas contribuições, entre as quais a CPMF. Estabeleceu-se, assim, um *regime fiscal dual*, que compatibilizou a descentralização fiscal com a manutenção do gasto público federal em níveis elevados. Em 2009, as contribuições sociais representaram 37,25% do total da receita da União.

Ao mesmo tempo que se deu o crescimento das contribuições sociais, o Governo Federal reforçou o caixa da União com outras fontes. A partir de 1995, especialmente em função do Plano Real e do novo padrão de relacionamento da economia nacional com a internacional (inclusive em função dos compromissos internacionais assumidos pelo país), a capacidade real de os governos subnacionais exercerem sua autonomia fiscal sofreu restrições.

O cientista político Otávio Dulci sustenta que o Fundo Social de Emergência, criado no bojo do programa de estabilização da moeda e depois rebatizado com outros nomes, "retém, em mãos da União, parcela considerável de recursos destinados aos estados e municípios. Além disso, com o tempo, o Governo Federal caminhou sem rebuços para uma nova centralização fiscal, fazendo aprovar taxas e contribuições, como a CPMF, que não precisam ser rateadas com os outros entes da Federação".[28]

O Plano Real engendrou a necessidade de se negociar a dívida dos estados. Com o objetivo de ajustar as contas estaduais, foram estabelecidas "metas de endividamento total, superávit primário, gasto com salários, arrecadação de impostos e privatização de empresas estaduais".[29]

O governo FHC editou a Lei nº 9.496/1997 (modificada, entre outras, pela Medida Provisória nº 2.192-70/2001), que permitiu à

---

[28] Apud RABAT, Márcio Nuno. **A Federação:** centralização e descentralização do poder político no Brasil. Estudo da Consultoria Legislativa da Câmara dos Deputados, agosto/2002. Disponível em: <http://bd.camara.gov.br/bd/bitstream/handle/bdcamara/1460/federacao_centralizacao_rabat.pdf?sequence=1>. Acesso em 1.10.2011. p. 11.

[29] REZENDE, Fernando; AFONSO, José Roberto. **The Brazilian Federation: Facts, Challenges and Prospects.** Working Paper nº 149. Palo Alto: Center for Research on Economic Policy and Policy Reform Stanford University, 2002, p. 15.

União renegociar as dívidas dos estados e do Distrito Federal que aderissem ao Programa de Apoio à Reestruturação e ao Ajuste Fiscal dos Estados, até 31 de maio de 2000. Os estados deveriam celebrar um contrato com a União, juntando as diversas dívidas (entre outras, a dívida pública mobiliária dos estados e do Distrito Federal, as operações de crédito interno e externo, os empréstimos junto à Caixa Econômica Federal). O prazo para pagamento era de 30 anos (360 meses). Sobre os contratos de refinanciamento incidiam juros de, no mínimo, 6% ao ano, e correção monetária calculada com base no IGP-DI (que era o índice mais utilizado na época para mensurar a inflação). Como garantia, os contratos estabeleciam limite máximo de comprometimento da Receita Líquida Real. Em alguns estados esse limite chegou a 13% de comprometimento, como é o caso de São Paulo e do Rio de Janeiro.

Essas bases contratuais eram adequadas à época. Estávamos superando o processo inflacionário e havia distorção nos índices de correção de dívidas e no próprio sistema de juros que vigia no país, tanto na esfera privada quanto na pública. Hoje, essas bases contratuais tornaram-se muito lesivas aos estados e ao Distrito Federal.

Como exemplo de distorção, a União empresta recursos ao BNDES pela TJLP, que está em 6% ao ano, e cobra dos estados 6% a 9% mais IGP-DI, que em 2010 foi de 11,3%. Ou seja, em 2011, cabe aos estados pagar suas dívidas com a União utilizando até 13% das suas receitas e com juros entre 17,3% e 20,3% incidindo sobre o saldo devedor.

De 2000 a 2010, apesar do pagamento de dezenas de bilhões de reais, a dívida dos estados com o Tesouro Nacional saltou de R$ 179,4 bilhões para R$ 370,7 bilhões, representando um crescimento de 107%.

## Dívida dos estados (ADM-Direta) com o Tesouro Nacional (dez/2000 e dez/2010)

| | 2000 | 2010 | variação % |
|---|---|---|---|
| Acre | 577.734.313 | 430.397.095 | -26% |
| Alagoas | 1.654.477.210 | 6.128.921.834 | 270% |
| Amapá | 40.211.803 | 80.499.887 | 100% |
| Amazonas | 1.565.587.476 | 1.052.397.463 | -33% |
| Bahia | 6.254.913.641 | 5.923.902.120 | -5% |
| Ceará | 2.151.507.390 | 1.131.859.574 | -47% |
| Distrito Federal | 699.842.292 | 1.141.730.402 | 63% |
| Espírito Santo | 1.365.949.370 | 1.260.441.567 | -8% |
| Goiás | 7.087.116.053 | 11.492.867.886 | 62% |
| Maranhão | 3.677.097.206 | 4.104.041.450 | 12% |
| Mato Grosso | 3.878.662.934 | 3.943.171.940 | 2% |
| Mato Grosso do Sul | 3.628.689.122 | 6.132.552.306 | 69% |
| Minas Gerais | 23.495.877.733 | 55.781.039.618 | 137% |
| Pará | 1.190.645.382 | 1.183.669.322 | -1% |
| Paraíba | 1.729.723.758 | 1.108.491.965 | -36% |
| Paraná | 5.740.817.005 | 9.226.182.784 | 61% |
| Pernambuco | 3.465.765.881 | 3.149.425.207 | -9% |
| Piauí | 1.715.761.663 | 966.694.798 | -44% |
| Rio Grande do Norte | 703.270.321 | 287.261.030 | -59% |
| Rio Grande do Sul | 15.013.000.777 | 37.527.359.353 | 150% |
| Rio de Janeiro | 23.240.020.322 | 41.896.249.237 | 80% |
| Rondônia | 1.001.594.698 | 1.600.291.895 | 60% |
| Roraima | 56.632.434 | 102.693.375 | 81% |
| Santa Catarina | 4.392.850.070 | 10.320.425.876 | 135% |
| São Paulo | 64.107.975.918 | 163.701.355.058 | 155% |
| Sergipe | 860.968.193 | 946.343.162 | 10% |
| Tocantins | 87.337.166 | 68.718.634 | -21% |
| **Total** | **179.384.030.131** | **370.688.984.836** | **107%** |

Fonte: Banco Central — <http://www4.bcb.gov.br/fis/dividas/lestados.asp>.

O caso de Minas Gerais é emblemático. Em 1997, a dívida totalizava cerca de R$ 17 bilhões. Foram pagos R$ 18 bilhões. Em 2010, a dívida tinha saltado para R$ 55,8 bilhões.

Não por outro motivo, os governadores estão clamando pela renegociação das dívidas. Em maio de 2011, os cinco governadores do PT (Rio Grande do Sul, Bahia, Distrito Federal, Sergipe e Acre) propuseram que o Governo Federal "reorganize o perfil da dívida dos estados com a União, para promover uma redução razoável dos repasses dos juros e amortizações que são feitos mensalmente". O governador da Bahia, Jacques Wagner, traduziu a sensação de todos: "Por que o estado tem que ser sacrificado a pagar mais do que todo o mercado financeiro?"

Em entrevista ao *Jornal do Commercio* de 3/10/2011, o governador do Rio Grande do Sul, Tarso Genro, disse que "o perfil dessa dívida é completamente injusto. Se permanecer com o cálculo que está, se torna impagável. A dívida precisa ser equacionada, tanto os juros quanto o cálculo da correção".

O consenso entre gestores e lideranças políticas aponta no sentido de que se tornou imperativa a necessidade de renegociação da dívida.[30]

À contratação das dívidas estaduais — entre 1997 e 2001 —, seguiu-se a Lei de Responsabilidade Fiscal (LRF) (Lei Complementar nº 101/2000). Essa lei tem se revelado uma importante ferramenta jurídica para manter as finanças públicas brasileiras em ordem. Ela contribuiu para mudar a cultura fiscal do Brasil. Não obstante essa conclusão, segundo Maria Hermínia Tavares de Almeida:

> A LRF foi uma resposta específica — e centralizadora — ao desafio de coordenar o comportamento fiscal dos governos em um sistema federativo, evitando o *free-riding* nos níveis subnacionais. Seu

[30] Apresentei ao Senado da República o Projeto de Lei nº 618, de 2011, autorizando a União a refinanciar todas as dívidas dos estados, em novas bases, consentâneas com a realidade atual. Entre outras coisas, proponho a reabertura do prazo para refinanciamento de todas as dívidas de estados e do Distrito Federal contraídas até 31 de dezembro de 2010. Os estados pagarão à União o mesmo que o BNDES paga quando empresta recursos do Tesouro, ou seja, substituo a taxa de juros de 6% + IGP-DI pela TJLP. O Projeto de Lei está disponível em: <www.senado.gov.br>.

objetivo foi garantir disciplina fiscal em todos os níveis de governo, mas as restrições que impôs aos estados e municípios foram significativas. Apesar de restringir também o Governo Federal, a nova lei inegavelmente significou limitação, por meio de lei federal, da autonomia de estados e municípios na alocação de suas receitas.[31]

Não custa recordar que o grande determinante para o tratamento fiscal diferenciado dos entes federados não está no corpo da LRF, mas sim em sua regulamentação: seguindo mandamento constitucional, cabe ao Senado Federal fixar o limite para o montante da dívida consolidada. Poucos meses depois de promulgada a LRF, o presidente da República mandou duas propostas ao Senado para adaptar aqueles limites à nova legislação: foi aprovada a que passou a controlar a dívida estadual e municipal, mas até hoje sequer houve tramitação do projeto que fixaria a dívida da União. Por essa razão, muitos analistas acabam concluindo que a nova legislação fiscal foi muito mais rigorosa com os governos subnacionais do que com o central.

Nesse sentido, o economista José Roberto Afonso destaca a importância da LRF, mas ressalva que é preciso modernizá-la. Além dos mecanismos legais que não foram implementados, ele sustenta que falta à LRF "ter pulso mais firme com a União".[32]

A vinculação de receitas dos estados e municípios a programas sociais específicos foi outro mecanismo de redução da autonomia desses entes. Além da exigência de gasto mínimo com Educação (18% para estados e 25% para municípios), há ainda a vinculação de recursos para a saúde, instituída pela Emenda 29. Na regulamentação dessa emenda, a Câmara dos Deputados aprovou um projeto de lei que estabelece responsabilidades para estados e municípios e não fixa o papel da União.

---

[31] ALMEIDA, Maria Hermínia Tavares de. **Recentralizando a Federação?** Revista de Sociologia Política. Curitiba, nº 24, jun. 2005. p. 32.

[32] AFONSO, José Roberto. Entrevista. **Lei de Responsabilidade Fiscal:** Históricos e Desafios. Projetos FGV, 2010. Disponível em: <http://www.fgv.br/fgvprojetos/novoprojetos/arq_site/966.pdf>. Acesso em 10.10.2011.

A edição da Lei Kandir (Lei Complementar nº 87/96, alterada por diversas outras Leis Complementares nos últimos anos) promoveu a dispensa do ICMS em operações que destinem mercadorias para o exterior. Tal isenção virou imunidade por conta da emenda reformadora da tributação do final de 2003. Com isso, estados e municípios perderam parcela da arrecadação de seus impostos. A compensação da União aos estados e municípios tem sido insuficiente.

O esgarçamento do pacto federativo brasileiro estimula a "guerra fiscal" entre os estados, mediante a manipulação do ICMS e a concessão de outros subsídios. A economista Marilena Simões Valentim afirma:

> As consequências econômicas da guerra fiscal são danosas ao desempenho econômico. A troca dos critérios de eficiência econômica por artificialismo tributário, na localização de uma indústria, acaba por reduzir o custo privado da produção e aumentar seu custo social. A consequência é a queda na qualidade e/ou quantidade de serviços públicos. De fato, esses incentivos fiscais não geram, agregadamente, aumento de investimentos, mas apenas determinam sua relocalização dentro do território brasileiro. Dessa forma, não há aumento da produção e do emprego. A guerra fiscal pode comprometer a capacidade do estado de dinamizar sua economia.[33]

O resultado disso tudo é o comprometimento da própria ideia de Federação, especialmente em sua dimensão fiscal. Segundo José Roberto Afonso e Kleber Castro, a arrecadação total da União, dos estados, do Distrito Federal e dos municípios, em 2010, foi de R$ 1,3 trilhão, que, comparativamente ao PIB de R$ 3,675 trilhões, representa uma carga tributária global de 35,16%.[34]

---

[33] VALENTIM, Marilena Simões. **A guerra fiscal no Brasil:** impactos econômicos. Disponível em: <http://www.achegas.net/numero/catorze/marilena_v_14.htm>. Acesso em 1.10.2011.

[34] AFONSO, José Roberto; CASTRO, Kleber Castro. **Carga Tributária Global no Brasil em 2010**. Disponível em: <http://www.joserobertoafonso.com.br/attachments/article/2101/1109-CargaTributária2010.pdf>. Acesso em 10.10.2011.

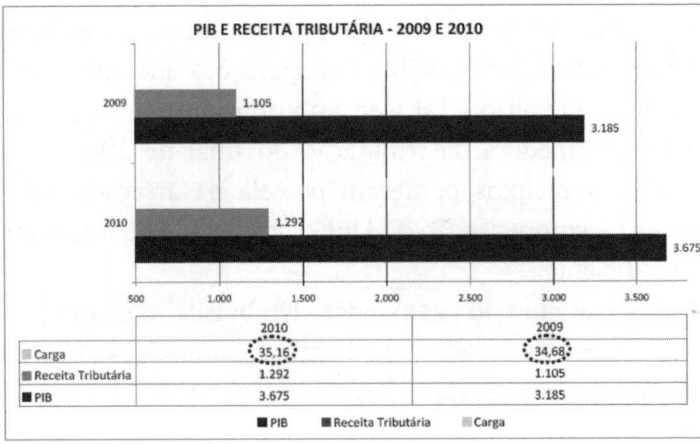


A União arrecadou 67,9% de toda a carga tributária de 2010, conforme demonstra o gráfico abaixo:[35]

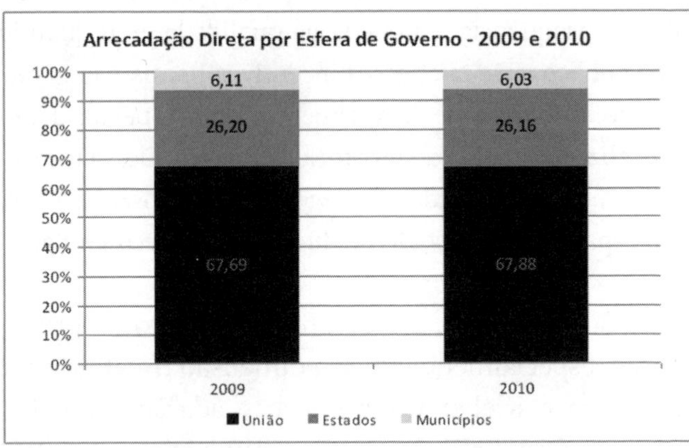


Na distribuição das receitas arrecadadas, em 2010, os municípios ficaram com 18,25%, os estados com 24,75% e a União com 57%.[36]

[35] AFONSO, José Roberto; CASTRO, Kleber Castro. **Carga tributária global no Brasil em 2010**. Disponível em: <http://www.joserobertoafonso.com.br/attachments/article/2101/1109-CargaTributaria2010.pdf>. Acesso em 10.10.2011.

[36] AFONSO, José Roberto; CASTRO, Kleber Castro. **Carga tributária global no Brasil em 2010**. Disponível em: <http://www.joserobertoafonso.com.br/attachments/article/2101/1109-CargaTributaria2010.pdf>. Acesso em 10.10.2011.

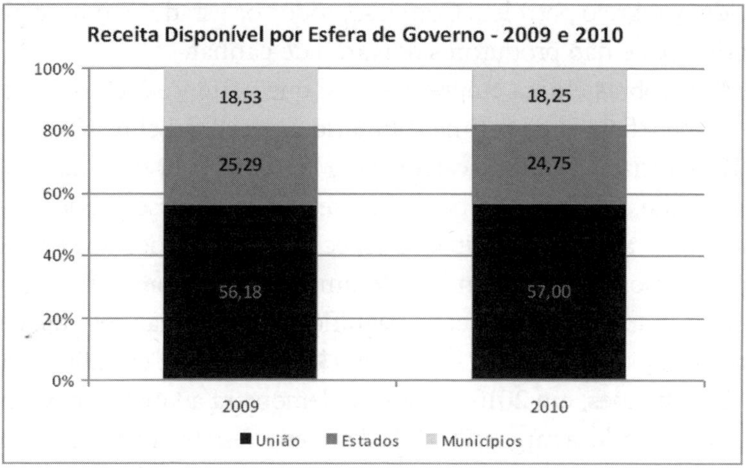


Entre 2007-10, a arrecadação da União cresceu em termos reais 25,9%, enquanto as transferências da União aos estados e municípios cresceram apenas 15,3%. No ano de 2010, a arrecadação federal cresceu 8,9%, enquanto as transferências para estados e municípios cresceram apenas 2,1% (em termos reais). As transferências aos estados e municípios que entre 2003 e 2008 estavam entre 3,4% e 3,7% do PIB, em 2009 foram de 3,0% e em 2010, foram de apenas 2,6% do PIB.

É interessante fazer, agora, uma vinculação entre essa análise histórica e global do federalismo brasileiro e a regulação específica da exploração de petróleo.

A aprovação do novo marco regulatório no final de 2010 acabou representando mais um capítulo da concentração da arrecadação nas mãos da União. A Lei nº 12.351, de 2010, por exemplo, extinguiu a cobrança de participação especial sobre o petróleo explorado no pré-sal e em áreas estratégicas, que se verificava no modelo de partilha — como vimos no capítulo anterior. Essa participação especial foi substituída pela cobrança do excedente em óleo (lucro óleo), integralmente apropriado pela União. Ademais, como se disse, sobre esse lucro óleo não incidirão os demais tributos que incidem sobre o petróleo. Com isso, todos os estados e municípios produtores e não produtores deixarão de ganhar.

A Petrobras é uma empresa estatal que pertence à União. Além de ser beneficiária de regime tributário especial, a Lei nº 12.276, de 2010, autorizou a União a capitalizar a Petrobras, por meio da cessão onerosa de 5 bilhões de barris. Parte desses recursos seria revertida em royalties e participação especial e distribuídos aos estados e municípios. Esses incentivos foram um dos fatores que contribuíram para o crescimento significativo dos ganhos daquela estatal, cujo lucro líquido saltou de R$ 13,5 bilhões, em 2002, para R$ 35,2 bilhões, em 2010, conforme demonstra a tabela abaixo. No mesmo período, a carga tributária dessa empresa (somados impostos às participações governamentais) caiu de 2,95% para 2,3% do PIB.[37]

| Lucro líquido da Petrobras nos últimos nove anos (R$ bilhões valor corrente 2010) | |
|---|---|
| 2002 | 13,5 |
| 2003 | 26,3 |
| 2004 | 24,2 |
| 2005 | 29,8 |
| 2006 | 30,8 |
| 2007 | 24,8 |
| 2008 | 36,5 |
| 2009 | 30,2 |
| 2010 | 35,2 |

Fonte: Petrobras.

Em conclusão, tenho dito que a Federação pressupõe um pacto que equilibre as forças entre o poder central (a União) e os entes subnacionais (os estados). Não pode haver sobreposição

[37] Para uma análise detalhada sobre a evolução e a composição da tributação desse setor e, especificamente, da Petrobras, ver: AFONSO, José Roberto; CASTRO, Kleber. **Carga tributária sobre petróleo no Brasil:** Evidências e opções. Casa das Garças, outubro de 2011. Disponível em: <http://iepecdg.com.br/uploads/artigos/111101_tributacao_petroleo_v6.pdf>. Acesso em 7.11.2011.

de poderes. Como demonstrado linhas atrás, está em curso um processo de concentração de recursos na União e de esgarçamento do pacto federativo, em prejuízo de estados e municípios. Os conflitos para redistribuir uma decrescente receita oriunda da extração de petróleo no país constituem só mais um capítulo do livro do desequilíbrio crescente na Federação brasileira.[38]

Considero irracional que estados e municípios produtores e não produtores engalfinhem-se em uma luta fratricida, que apenas estimula a guerra federativa. Hoje, o debate gira em torno de royalties. Amanhã, focalizará fundos de participação e fundos constitucionais do Nordeste, do Norte, do Centro-Oeste e do Distrito Federal. Depois, tomará como objeto os recursos derivados de outras fontes de energia ou outras bases de riqueza. Por isso, a União deve liderar um diálogo que produza uma solução para o problema e que o considere em toda a sua complexidade.

Até por representar a República Federativa do Brasil, a União tem condições de convocar todos os governadores e lideranças políticas e propor uma solução de conjunto, que considere a distribuição dos royalties, a mudança de critérios do FPE e do FPM, a renegociação das dívidas dos estados e a Reforma Tributária.

---

[38] Para uma análise específica sobre como a tributação de petróleo se confunde com o movimento pendular que marca a Federação brasileira, ora tendendo à maior descentralização em favor dos estados e municípios, ora à centralização de poderes e recursos nas mãos da União, ver; AFONSO, José Roberto; ALMEIDA, Vivian, **Tributação do petróleo e federalismo brasileiro:** A histórica oscilação na divisão da receita. Rio de Janeiro, set. de 2011. Disponível em: <http://www.joserobertoafonso.com.br/attachments/article/2124/110930-oleo-tributoxFederacao.pdf>. Acesso em: 30.10.2011.

## Capítulo III

# Royalties e pacto federativo: distorções entre os estados

As discussões em torno do pacto federativo não podem negligenciar um aspecto central: as distorções econômicas, sociais e políticas existentes entre os estados da Federação. Se no plano vertical há concentração de recursos na União, em detrimento dos entes subnacionais, no plano horizontal há diferenças profundas entre os estados e entre os municípios. O arranjo fiscal e tributário, e a forma de organização dos mecanismos de representação política, em vez de colaborarem para a correção das disparidades e a redução de desigualdades, têm contribuído para a permanência de iniquidades, quando não para seu agravamento.

Em sua longa história pendular, ora marcada pelo predomínio de tendências descentralizadoras, ora caracterizada pela supremacia de forças centralizadoras, o Brasil logrou manter-se unido, evitando o destino fragmentário da América espanhola. Entretanto, pagou preços elevados. Por exemplo: em certo sentido, e até certo ponto, a sobrevida do sistema escravagista relaciona-se às negociações que visavam isolar movimentos de sublevação e esvaziar o potencial político — contagiante e subversivo — de regiões, grupos sociais e lideranças separatistas. Entre os vários fatores que convergiram na promoção do golpe instaurador da

República incluía-se, com destaque, a questão federativa, isto é, a margem de autonomia das unidades subnacionais.

Por outro lado, o reconhecimento da autonomia dos entes federados não se deu sem ambiguidades, recuos e contradições, a tal ponto que o próprio sistema coronelista, muitas vezes interpretado como indicador de descentralização extrema, foi compreendido por Vitor Nunes Leal como sintoma de um processo mais complicado que não afastou a centralização e, em certa medida, em determinadas circunstâncias, a favoreceu. Acompanhemos a leitura proposta por José Murilo de Carvalho:

> Na visão de [Vitor Nunes] Leal, [o coronelismo, enquanto sistema] surge na confluência de um fato político com uma conjuntura econômica. O fato político é o federalismo implantado pela República em substituição ao centralismo imperial. O federalismo criou um novo ator político com amplos poderes, o governador de estado. O antigo presidente de província, durante o Império, era um homem de confiança do ministério, não tinha poder próprio, podia a qualquer momento ser removido, não tinha condições de construir suas bases de poder na província à qual era, muitas vezes, alheio. No máximo, podia preparar sua própria eleição para deputado ou para senador.
>
> O governador republicano, ao contrário, era eleito pelas máquinas dos partidos únicos estaduais, era o chefe da política estadual. Em torno dele se arregimentavam as oligarquias locais, das quais os coronéis eram os principais representantes. Seu poder consolidou-se após a política dos estados implantada por Campos Sales em 1898, quando este decidiu apoiar os candidatos eleitos "pela política dominante no respectivo estado". Segundo Sales, era dos estados que se governava a República: "A política dos estados [...] é a política nacional."
>
> A conjuntura econômica, segundo Leal, era a decadência econômica dos fazendeiros. Esta decadência acarretava enfraquecimento do poder político dos coronéis em face de seus dependentes e rivais. A manutenção desse poder passava, então, a exigir a presença do Estado, que expandia sua influência na proporção em que diminuía

a dos donos de terra. O coronelismo era fruto de alteração na relação de forças entre os proprietários rurais e o governo e significava o fortalecimento do poder do Estado antes que o predomínio do coronel. O momento histórico em que se deu essa transformação foi a Primeira República, que durou de 1889 até 1930.[39]

Tomando esta análise como referência, José Murilo de Carvalho entende o coronelismo como "um sistema político nacional, baseado em barganhas entre o governo e os coronéis". Para baixo, o governo estadual garante o poder do coronel sobre seus subordinados e rivais, especialmente com a cessão do controle dos cargos públicos. O coronel assegura seu apoio ao governo, sobretudo através de votos. "Para cima, os governadores dão seu apoio ao presidente da República em troca do reconhecimento deste seu domínio no estado."

Para Carvalho, o coronelismo "morreu simbolicamente" quando se deu a prisão dos grandes coronéis baianos, em 1930, e foi enterrado em 1937, pelo Estado Novo, que derrubou Flores da Cunha, "o último dos grandes caudilhos gaúchos". O autor distingue coronelismo de mandonismo[40] e de clientelismo. Compreendendo o mandonismo como uma característica marcante da história política brasileira, e não como um sistema, diz que o mandão é aquele

[39] CARVALHO, José Murilo. **Mandonismo, coronelismo, clientelismo:** Uma discussão conceitual. Dados, vol. 40, nº. 2, Rio de Janeiro, 1997. Disponível em: <http://dx.doi.org/10.1590/S0011-52581997000200003>. Acesso em 1.10.2011.

[40] Para Carvalho, "o mandão, o potentado, o chefe, ou mesmo o coronel como indivíduo, é aquele que, em função do controle de algum recurso estratégico, em geral a posse da terra, exerce sobre a população um domínio pessoal e arbitrário que a impede de ter livre acesso ao mercado e à sociedade política. O mandonismo não é um sistema, é uma característica da política tradicional. Existe desde o início da colonização e sobrevive ainda hoje em regiões isoladas. A tendência é que desapareça completamente à medida que os direitos civis e políticos alcancem todos os cidadãos. A história do mandonismo confunde-se com a história da formação da cidadania. Na visão de Leal, o coronelismo seria um momento particular do mandonismo, exatamente aquele em que os mandões começam a perder força e têm de recorrer ao governo. Mandonismo, segundo ele, sempre existiu. É uma característica do coronelismo, assim como o é o clientelismo". CARVALHO, José Murilo de. **Mandonismo, coronelismo, clientelismo**: Uma discussão conceitual. Dados, vol. 40, nº 2, Rio de Janeiro, 1997. Disponível em: <http://dx.doi.org/10.1590/S0011-52581997000200003>. Acesso em 1.10.2011.

que "exerce sobre a população um domínio pessoal e arbitrário que a impede de ter livre acesso ao mercado e à sociedade política".

Já o clientelismo "indica um tipo de relação entre atores políticos que envolve concessão de benefícios públicos, na forma de empregos, benefícios fiscais, isenções, em troca de apoio político, sobretudo na forma de voto". Carvalho entende que o coronelismo envolve "relações de troca de natureza clientelística". Sustenta ainda que o clientelismo perpassa toda a história política do país:

> As relações clientelísticas (...) dispensam a presença do coronel, pois ela se dá entre o governo, ou políticos, e setores pobres da população. Deputados trocam votos por empregos e serviços públicos que conseguem graças à sua capacidade de influir sobre o Poder Executivo. Nesse sentido, é possível mesmo dizer que o clientelismo se ampliou com o fim do coronelismo e que ele aumenta com o decréscimo do mandonismo. À medida que os chefes políticos locais perdem a capacidade de controlar os votos da população, eles deixam de ser parceiros interessantes para o governo, que passa a tratar com os eleitores, transferindo para estes a relação clientelística.[41]

É interessante ligar essas reflexões do professor José Murilo de Carvalho, a partir de Vitor Nunes Leal, à análise da professora Maria do Carmo Campello de Souza sobre o período posterior ao Estado Novo, geralmente denominado "a democracia de 46-64":

> Se, como querem alguns, a crise institucional de 1964 tinha raízes num conflito entre o Executivo e o Legislativo, o progressismo populista do primeiro contrapondo-se à sobrerrepresentação dos setores mais retrógrados no segundo, parecendo claro que as raízes mais distantes dessa fratura encontram-se na própria coalizão política que, na transição ao regime de 1946, deu novo alento ao Estado Novo — nos seus mecanismos de governo, na

[41] CARVALHO, José Murilo de. **Mandonismo, coronelismo, clientelismo**: Uma discussão conceitual. Dados, vol. 40, nº 2, Rio de Janeiro, 1997. Disponível em: <http://dx.doi.org/10.1590/S0011-52581997000200003>. Acesso em 1.10.2011.

sua concepção da ordem política e na centralização estatal que garantia hegemonia dos poderes regionais sobre o controle social. O art. 58, forjado na conjuntura de 1946 para impedir uma devolução do poder aos dois maiores estados e para manter uma concepção estadonovista de centralização e de unidade nacional, teve efeitos mais amplos. Ele acabou por frustrar o próprio objetivo centralizante e autônomo do poder central.[42]

Para Campello de Souza, no sistema político de 1946 "a doação de poder legislativo aos estados menores nada mais seria do que uma convocação por parte das oligarquias dos estados maiores aos seus aliados nos estados menores, a fim de combaterem o inimigo comum: os setores emergentes dos grandes centros urbanos e industrializados".

Esta passagem ilustra, de meu ponto de vista, uma das chaves mais importantes e esclarecedoras para desvendar esse enigma chamado Brasil. Sigamos lendo a autora:

> Com a democratização do país, a participação e a representação até então exercidas por intermédio de interventorias, agências burocráticas e administrativas foram empurradas em grande parte para a política partidário-eleitoral. Esta se fundava, por um lado, no populismo, que cortava e ultrapassava os partidos, e, por outro, numa rede de clientelismo que ia além da relação individual patrão-cliente, um processo básico do quadro coronelista anterior. Claro está que a evolução político-institucional permitiu a manutenção do "velho coronelismo" como modo de canalizar os interesses locais de áreas rurais e menos urbanizadas. Contudo, os processos de urbanização e modernização rearticularam tal processo coronelista clássico de maneira que abrangesse todos os estados em termos organizacionais e que poderia ser chamado de "clientelismo de Estado".

[42] SOUZA, Maria do Carmo Campello de. **Federalismo no Brasil**: aspectos político-institucionais (1930-1964). Revista Brasileira de Ciências Sociais, São Paulo, vol. 21, nº 61, jun./2006. Disponível em: <http://dx.doi.org/10.1590/S0102-69092006000200002>. Acesso em 1.10.2011.

A chave para se compreender a República populista da ótica da centralização *versus* regionalismo está na permanente tensão entre o Estado centralizador e interventor e a busca da legitimação do sistema por meio do processo eleitoral e, consequentemente, da política de patronagem e clientelismo nos níveis regionais e locais. Entre as inúmeras fórmulas encontradas durante o período para resolver essa tensão, uma das mais vigorosas foi certamente o populismo varguista.[43]

Para Campello de Souza, ainda hoje "o tema das clivagens regionais continua a ser uma das chaves cruciais para a compreensão dos processos político-partidário e decisório". A autora esclarece que a "ênfase nos conflitos entre o Estado e as organizações políticas regionais" não significa

> (...) subestimar o intenso processo de transformações socioeconômicas vividas pelo Brasil naquele período, ou tampouco o avanço da nacionalização política baseada em critérios funcionais. Tais transformações influenciaram a mudança dos padrões de competição partidária nas diversas unidades da Federação, nas estratégias dos partidos nacionais e no caráter da organização do Estado. Entretanto, a expansão de conflitos fundados em critérios de classe, mesmo durante sua exacerbação no final do período, era permeada e intermediada por conflitos entre e no interior das políticas regionais. [44]

Por que evoco, aqui, os estudos de Leal, Carvalho e Campello de Souza? Porque considero indispensável refletir sobre o pacto federativo e suas raízes históricas para analisar com a profundidade

[43] SOUZA, Maria do Carmo Campello de. **Federalismo no Brasil:** aspectos político-institucionais (1930-1964). Revista Brasileira de Ciências Sociais, São Paulo, vol. 21, nº 61, jun./2006. Disponível em: <http://dx.doi.org/10.1590/S0102-69092006000200002>. Acesso em 1.10.2011.

[44] SOUZA, Maria do Carmo Campello de. **Federalismo no Brasil:** aspectos político-institucionais (1930-1964). Revista Brasileira de Ciências Sociais, São Paulo, vol. 21, nº 61, jun./2006. Disponível em: <http://dx.doi.org/10.1590/S0102-69092006000200002>. Acesso em 1.10.2011.

necessária a problemática dos royalties do petróleo. Não estou sugerindo que diagnósticos sobre períodos históricos anteriores permaneçam válidos para a situação atual. Porém, traços persistem. Apesar de mudanças, há linhas de continuidade. O objeto de minhas observações é o Brasil contemporâneo e, nesse sentido, é o ordenamento constitucional oriundo da Carta de 1988. Passo, então, a expô-las, resumidamente:

1) Resulta em efeitos não antecipados e não intencionais, e contraditórios com as intenções originais (supondo-as virtuosas), a decisão de: (a) assegurar o equilíbrio político, de modo a evitar o esmagamento dos entes federados menos populosos pelos mais populosos, por meio da imposição de limites mínimos e máximos ao número de representantes estaduais na Câmara Federal — movimento que será reforçado pela composição igualitária do Senado Federal, em que cada estado é representado por três senadores —, combinada à decisão de (b) garantir equilíbrio financeiro mínimo, de sorte a contrabalançar as desigualdades socioeconômicas entre os entes federados pela via da alocação positivamente diferenciada de recursos federais, seja por meio de transferências constitucionais obrigatórias ou de transferências voluntárias (convênios).
2) Os efeitos produzidos pela combinação de (a) e (b) (equilíbrio político e financeiro), cujas intenções, repito, podemos supor virtuosas e democráticas, têm sido perversos e relativamente constantes ao longo de nossa história republicana, ainda que suas raízes remontem ao passado imperial e colonial.
3) Esses efeitos têm sido a consolidação de elites locais que capturam — de forma algumas vezes até mesmo monopolista e excludente — os recursos financeiros e políticos provenientes das regras geradas e do arranjo institucional

instaurado por (a) e (b).[45] Nesse sentido, as (supostamente) virtuosas intenções que inspiraram (a) e (b) têm sido sistematicamente frustradas: as desigualdades socioeconômicas regionais não foram reduzidas na escala, na magnitude, na extensão, na profundidade e na velocidade compatíveis com os investimentos e as expectativas, nem a participação política verificou-se por meio da presença de lideranças orgânicas, populares e democráticas, na escala e com o impacto supostamente correspondentes ao espaço de representação garantido no Congresso Nacional. De modo geral, contemplando-se a história desde 1946, a representação dos entes federados menos populosos não foi capaz, historicamente, de vocalizar os interesses de democratização, desenvolvimento sustentável, justiça e redução das desigualdades — a despeito de esforços notáveis de indivíduos e segmentos das bancadas eleitas nessas décadas. Isso fica patente no golpe de 1964, na formação da base parlamentar de sustentação da ditadura, no Congresso, depois de 1964, assim como se verifica no período anterior e se confirmará na etapa subsequente, até a inversão promovida pela primeira eleição do presidente Lula, cuja liderança carismática e, depois, cujas políticas públicas inclusivas romperam o padrão tradicional e inauguraram novos vínculos com os eleitores das regiões mais pobres, embaralhando a "geopolítica" doméstica brasileira, por assim dizer. Os partidos conservadores tradicionalmente firmaram seus pilares eleitorais e azeitaram suas máquinas nesses estados.

4) O tiro saiu pela culatra, gerando efeitos negativos e contrários às suas intenções porque partiu da suposição de que as condições em que se dá a competição eleitoral são e serão as mesmas em todo o território nacional, se as instituições e as determinações legais forem as mesmas.

---

[45] Observe-se que faz parte da lógica da afirmação do poder dessas elites o faccionalismo local, uma vez que a disputa reforça as identidades políticas, os vínculos verticais, a coesão (horizontal) no interior de cada grupo em disputa e os legitima.

5) A ordem institucional da democracia brasileira após a promulgação da Constituição de 1946, que introduziu determinações legais tendentes a bloquear o fortalecimento político de polos urbanos modernizadores e de preservar, na prática, mecanismos que importaram para a nova dinâmica política os componentes tradicionais da velha ordem oligárquica (sob as formas do mandonismo e do clientelismo, ainda que não do coronelismo, tal como entendido por Leal e Carvalho), produziu uma realidade heterogênea, assimétrica, contrária à equidade no espaço da competição política.
6) Essa realidade implicou a reprodução de esquemas tradicionais de captura por parte de elites locais de instrumentos de poder político e econômico. As questões estratégicas eram: quem dispõe de emprego para oferecer? Quem pode garantir acesso a serviços essenciais? Quem controla a mediação nas operações de crédito e nos processos decisórios sobre transferência de recursos federais? Quem controla a informação? Há uma economia autônoma, cujos protagonistas prescindam de governos locais ou elites políticas locais? Máquinas de voto sempre existem em mercados competitivos das democracias de massa, mas a questão diz respeito a limites e graus.
7) Sob o manto da boa vontade virtuosa e redistributivista e sob a inspiração do compromisso democrático de proteger as minorias, a Constituição de 1988, apesar de sua novidade histórica e das transformações profundas que promoveu, manteve alguns elementos de nossa tradição autoritária e geradora de iniquidades, cujas implicações contrariam as expectativas e os desejos dos próprios legisladores.
8) As ligações complexas, tensas, por vezes contraditórias, entre protagonismo político e distribuição de recursos federais — no contexto que descrevi, marcado pela manutenção do poder das tradicionais elites locais, que continuam tripulando

mecanismos político-administrativos clientelistas — podem ser observadas em três situações exemplares:

(a) o pronunciamento do deputado pelo estado do Pará Giovanni Queiroz, na segunda quinzena de outubro de 2011, no plenário do Congresso Nacional. O deputado fez questão de explicitar que a divisão de seu estado em três Unidades federadas significaria aumento da força política na região. A conclusão é óbvia: o atual Pará passaria a contar não apenas com três, mas com nove representantes no Senado e com, no mínimo, oito deputados em cada novo estado. O raciocínio, sem dúvida legítimo, desnuda, entretanto, o caráter artificial da construção do poder político via multiplicação de agências públicas e redesenhos territoriais, capazes de abrigar elites concorrentes, ampliar sua parcela nos fundos federais e nas negociações *ad hoc*, além de revigorar a potência política da região. A divisão do Pará aumentaria as distorções federativas, uma vez que cada nova unidade passaria a receber parte dos repasses do FPE e do FPM, assim como outras verbas que hoje são divididas entre os demais estados.

A criação de estados e municípios de forma artificial, como pode vir a ser o caso da proposta de redivisão do Pará, reforça as distorções na representação política, já presentes no sistema criado pela Constituição Federal de 1988. Diz a Carta Maior que a composição da Câmara dos Deputados será proporcional à população, mas fixa o mínimo de oito e o máximo de setenta deputados para cada estado (CF, art. 45). Hoje, o voto de um eleitor de um estado populoso como São Paulo vale muito menos que o voto de um eleitor de um estado com população pequena.

(b) Essa distorção na representação política, na Câmara, associada à representação igualitária dos estados no Senado, produziu uma realidade política bastante peculiar, que tem resistido ao tempo e às mudanças observadas no comando do Executivo federal. Em resumo, constituiu-se um bloco de poder parlamentar que hipertrofiou o peso de elites regionais conservadoras, gerando um desequilíbrio entre a correlação de forças políticas nacionais e a inclinação política da opinião pública, sensível ao dinamismo social e econômico predominantes na sociedade brasileira. Esse desequilíbrio explica as eleições de Jader Barbalho, Antônio Carlos Magalhães e José Sarney para a presidência do Congresso Nacional.

(c) Estados com população e PIB pequenos dependem excessivamente da União. Há estados em que as transferências da União chegam a 75% do conjunto das receitas. É o caso do Amapá, cuja receita totaliza R$ 2,97 bilhões, dos quais R$ 2,23 bilhões são verbas repassadas pela União. Em Roraima, a razão de dependência é de 70% e no Tocantins chega a 60%. Uma economia menos desenvolvida e menos autônoma leva a população a um maior grau de dependência dos governos e das elites locais. Essa dependência estende-se do acesso a emprego à fruição de serviços e créditos públicos. O quadro resultante demonstra a continuidade de estruturas políticas arcaicas e explica a permanência de laços clientelistas, a despeito de tantas transformações históricas. Instaura-se, desse modo, um ciclo vicioso: o sistema clientelista predominante em regiões menos desenvolvidas nutre-se das disparidades no acesso aos recursos federais, assim como, por outro lado, reproduz as condições políticas que tornam possível a manutenção dessas disparidades distributivas. O que está em pauta, hoje, é o risco de perpetuação e até de ampliação das disparidades referidas.

A distorção na questão fiscal, que aumenta a força política das elites locais, se expressa na distribuição *per capita* dos recursos do FPE, conforme demonstra a tabela que se segue:

**FPE *per capita* (2010)**

| ESTADOS | FPE *per capita* |
|---|---|
| Roraima | R$ 2.275,68 |
| Amapá | R$ 2.053,04 |
| Acre | R$ 1.887,95 |
| Tocantins | R$ 1.233,04 |
| Sergipe | R$ 796,34 |
| Rondônia | R$ 715,51 |
| Piauí | R$ 546,38 |
| Alagoas | R$ 524,71 |
| Rio Grande do Norte | R$ 522,32 |
| Paraíba | R$ 497,87 |
| Maranhão | R$ 438,46 |
| Ceará | R$ 350,02 |
| Amazonas | R$ 324,98 |
| Pará | R$ 320,42 |
| Pernambuco | R$ 315,26 |
| Mato Grosso | R$ 304,82 |
| Bahia | R$ 268,94 |
| Mato Grosso do Sul | R$ 216,20 |
| Goiás | R$ 189,69 |
| Espírito Santo | R$ 172,53 |
| Paraná | R$ 109,59 |
| Distrito Federal | R$ 109,07 |
| Minas Gerais | R$ 90,73 |
| Rio Grande do Sul | R$ 86,88 |
| Santa Catarina | R$ 80,83 |
| Rio de Janeiro | R$ 39,27 |
| São Paulo | R$ 9,77 |

A tabela revela que o FPE *per capita* do Rio de Janeiro foi, em 2010, R$ 39,27, e em São Paulo, R$ 9,77. Esses valores mostram o abismo existente entre os entes federados, quando constatamos que estados como Roraima e Amapá beneficiaram-se, respectivamente, do FPE *per capita* de R$ 2.275,68 e R$ 2.053,04. As disparidades não param aí. Observe-se o que ocorre com as receitas correntes dos estados, as quais se definem como a soma das transferências obrigatórias da União com os recursos arrecadados pelo próprio estado, incluindo royalties.

Os três estados com maior FPE *per capita* estão entre as quatro maiores receitas correntes *per capita*. Ou seja, os governos estaduais que dispõem de maior quantidade de recursos por cidadão para desenvolver políticas públicas correspondem a estados com maior parcela *per capita* do FPE, o que não quer dizer que os recursos estejam sendo bem-empregados. Parte significativa desses recursos é drenada pelas estruturas da própria máquina do estado.

| Catorze maiores receitas correntes *per capita* (R$ — 2010) | |
|---|---|
| RR | R$ 5.366,09 |
| DF | R$ 5.356,83 |
| AC | R$ 4.762,46 |
| AP | R$ 4.585,27 |
| TO | R$ 3.599,16 |
| ES | R$ 3.431,25 |
| RO | R$ 3.312,93 |
| SP | R$ 3.282,36 |
| MT | R$ 3.276,60 |
| MS | R$ 3.134,19 |
| RJ | R$ 3.067,32 |
| AM | R$ 3.004,12 |
| SE | R$ 2.995,91 |
| RS | R$ 2.911,69 |

Fonte: Tesouro Nacional e IBGE Censo 2010.

Ao analisar os impactos do FPE no combate às desigualdades sociais e regionais, o economista Marcos Mendes diz:

> É preciso reconhecer que esse tipo de transferência não é suficientemente potente para fazer com que a renda *per capita* ou

a qualidade de vida nos estados menos desenvolvidos atinja a média dos mais desenvolvidos.

Como mostram estudos do Instituto de Pesquisa Econômica Aplicada (Ipea), o uso de transferências fiscais em favor de estados e municípios mais pobres, ao longo de quase sessenta anos, não foi suficiente para promover uma convergência das rendas e índices de qualidade de vida entre estados e regiões geográficas. (...) Não se deve esperar que o FPE seja uma ferramenta capaz de reduzir a desigualdade regional de renda.[46]

Marcos Mendes prossegue:

O FPE também não deve ser encarado como instrumento de redistribuição da renda privada (das famílias) ou redução da pobreza. Por ser um instrumento que transfere recursos entre entes da administração pública, o fundo não é adequado para promover distribuição pessoal da renda. Para isso há instrumentos mais eficazes, como o Programa Bolsa Família ou políticas de promoção da educação.

O pesquisador conclui: "Portanto, a busca do reequilíbrio socioeconômico proposto pela Constituição deve ser interpretada como a redução nas desigualdades das receitas *per capita* dos estados."

Como tenho insistido, não advogo a imposição da maioria sobre a minoria, nem a negligência à necessidade de compensações que ajudem a reduzir desigualdades. Ou seja, não defendo a supremacia dos estados mais urbanizados e modernos, em detrimento dos que arrecadam menos e têm mais dificuldade para oferecer serviços públicos de qualidade a todos. Pelo contrário, acho que é justo e necessário que os desiguais sejam tratados

[46] MENDES, Marcos. **Fundo de Participação dos Estados:** sugestão de novos critérios de partilha que atendam determinação do STF. Texto para Discussão nº 96 do Núcleo de Estudos da Consultoria Legislativa do Senado Federal. Brasília, jun./2011. p. 11-2.

desigualmente para que se revertam as iniquidades. Apenas entendo que é injusta e insustentável a situação atual, e que o pacto federativo não é mais um pacto, nem mesmo merece o adjetivo federativo.

A tabela a seguir elucida meu raciocínio. A partir de dados da Secretaria da Receita Federal e da Secretaria do Tesouro Nacional para o exercício financeiro de 2010, os economistas José Roberto Afonso e Kleber Pacheco de Castro compararam: de um lado, a arrecadação de tributos federais por Unidade da Federação (excluídas as contribuições previdenciárias e as participações governamentais em petróleo e outros); de outro, as transferências obrigatórias da União para estados e municípios (entre elas, o FPE e o FPM), também classificados por Unidade da Federação, respectivamente. Com essas informações fizeram uma comparação simples: quanto o Governo Federal retira em tributos de cada UF e quanto deixa em cada uma delas a título de fundos de participação. Ou seja, mediram a distância entre o que é recebido e o que é retirado de cada estado e município.

## Ranking da razão federativa por UF (Incluem-se Royalties) —2009

| UF | Posição | Receitas (incluem-se *Royalties*) (a) | Transferências para Estados e Municípios (incluem-se *Royalties*) (b) | Transferências – Receitas (b-a) | RAZÃO FEDERATIVA (b/a) |
|---|---|---|---|---|---|
| Amapá | 1 | 226.162.670,34 | 1.841.986.239,17 | 1.615.823.568,83 | 8,145 |
| Acre | 2 | 244.750.128,94 | 1.926.937.290,91 | 1.682.187.161,97 | 7,873 |
| Roraima | 3 | 200.919.261,72 | 1.510.034.413,38 | 1.309.115.151,66 | 7,516 |
| Tocantins | 4 | 482.297.969,89 | 2.974.057.436,77 | 2.491.759.466,88 | 6,166 |
| Piauí | 5 | 843.698.017,31 | 3.885.715.291,94 | 3.042.017.274,63 | 4,606 |
| Maranhão | 6 | 1.886.861.994,84 | 7.185.395.168,47 | 5.298.533.173,63 | 3,808 |
| Alagoas | 7 | 1.035.259.795,50 | 3.786.613.592,07 | 2.751.353.796,57 | 3,658 |
| Paraíba | 8 | 1.354.078.976,52 | 4.411.682.102,90 | 3.057.603.126,38 | 3,258 |
| Rondônia | 9 | 686.396.463,36 | 2.164.042.612,24 | 1.477.646.148,88 | 3,153 |
| Pará | 10 | 2.545.900.803,82 | 6.918.146.447,21 | 4.372.245.643,39 | 2,717 |
| Sergipe | 11 | 1.331.701.819,66 | 3.158.791.975,95 | 1.827.090.156,29 | 2,372 |
| Rio Grande do Norte | 12 | 1.864.499.263,12 | 4.001.365.278,78 | 2.136.866.015,66 | 2,146 |
| Mato Grosso | 13 | 2.080.530.300,55 | 3.303.838.882,16 | 1.223.308.581,61 | 1,588 |
| Ceará | 14 | 4.908.562.522,94 | 7.785.059.464,62 | 2.876.496.941,68 | 1,586 |
| Mato Grosso do Sul | 15 | 1.540.859.248,86 | 2.375.126.383,90 | 834.267.135,04 | 1,541 |
| Bahia | 16 | 10.216.368.273,66 | 12.636.131.856,58 | 2.419.763.582,92 | 1,237 |
| Pernambuco | 17 | 7.293.938.272,55 | 7.698.571.535,43 | 404.633.262,88 | 1,055 |
| Goiás | 18 | 5.397.629.534,72 | 4.861.540.839,67 | -536.088.695,05 | 0,901 |
| Minas Gerais | 19 | 26.555.678.283,23 | 14.860.443.247,21 | -11.695.235.036,02 | 0,560 |
| Amazonas | 20 | 6.612.968.563,09 | 3.271.678.828,08 | -3.341.289.735,01 | 0,495 |
| Espírito Santo | 21 | 8.984.500.186,79 | 3.612.651.553,09 | -5.371.848.633,70 | 0,402 |
| Rio Grande do Sul | 22 | 22.039.648.694,07 | 8.801.214.054,12 | -13.238.434.639,95 | 0,399 |
| Paraná | 23 | 21.686.835.684,81 | 8.383.813.777,80 | -13.303.021.907,01 | 0,387 |
| Santa Catarina | 24 | 13.513.761.337,03 | 4.912.714.387,87 | -8.601.046.949,16 | 0,364 |
| Distrito Federal | 25 | 50.454.719.368,50 | 7.436.772.200,83 | -43.017.947.167,67 | 0,147 |
| São Paulo | 26 | 204.367.926.037,47 | 26.218.034.432,64 | -178.149.891.604,83 | 0,128 |
| Rio de Janeiro | 27 | 115.518.316.331,93 | 14.465.911.709,23 | -101.052.404.622,70 | 0,125 |
| **TOTAL** | - | **513.874.769.805,22** | **174.388.271.003,02** | **-339.486.498.802,20** | **0,339** |

Elaboração própria. Fonte primária: SRF, STN e ANP.

Nota: Os *royalties* incluídos nesta comparação se referem apenas aos *royalties* de petróleo e gás natural.

O cociente entre transferências e arrecadação foi denominado *razão federativa*: se o resultado for menor que a unidade, tem-se uma situação em que o governo central onera mais que beneficia; se, ao contrário, o indicador for maior que a unidade, tem-se uma situação em que o governo central mais beneficia que onera; quanto maior o indicador, logicamente, maiores os benefícios relativos.

O que os números exibem é absolutamente extraordinário. A tabela revela que, em 2009, a União arrecadou, no Rio de Janeiro, R$ 115,5 bilhões e devolveu apenas R$ 14,5 bilhões (já incluídos os royalties). O Rio de Janeiro tem a menor razão federativa do Brasil. Essa injustiça manifesta será ainda maior caso seja aprovado o Substitutivo do Senado ao PLS nº 448/2010, que retirará parcela expressiva desses R$ 14,5 bilhões.

Creio que minha tese esteja suficientemente demonstrada: não é possível discutir a questão dos royalties sem considerar o conjunto de apropriações e transferências, que expressam o pacto federativo tal como atualmente estruturado.

A situação é gravíssima não apenas para o Rio de Janeiro, mas para a democracia brasileira. O convívio cooperativo e harmonioso entre os estados que constituem a República federativa tem como pressuposto o respeito a princípios elementares de justiça. No momento presente, os estados produtores de petróleo estão sendo prejudicados. Futuramente, os outros estados poderão ocupar posição análoga, vítimas de uma abordagem irracional e injusta por parte de maiorias parlamentares eventuais, animadas por interesses regionalistas e imediatistas.sena

O mais escandaloso é o que o Substitutivo mencionado propõe, como critério para a nova distribuição dos royalties, as alíquotas do Fundo de Participação dos Estados (FPE). Como se verá adiante, essas alíquotas foram editadas em 1989, por decisões *ad hoc*, frutos de acordos políticos imediatistas, sem qualquer critério minimamente dotado de coerência interna e racionalidade. Por isso, é preciso recuar na história e entender, em detalhes, como foi gerado o Fundo de Participação dos Estados, declarado inconstitucional pelo STF.

O FPE e o FPM têm suas raízes históricas ligadas à Reforma Tributária, promovida pelo primeiro governo posterior ao golpe militar de 1964, presidido pelo general Castello Branco, especialmente com a edição do Código Tributário Nacional (CTN) (Lei nº 5.172/1966). Esses fundos de participação representaram o primeiro sistema de transferência intergovernamental de recursos da esfera federal para as instâncias subnacionais.

O CTN fixou critérios claros para a repartição das receitas do FPE. O art. 88 do CTN estabelece que o FPE será distribuído da seguinte forma:

a) 5%, proporcionalmente à superfície de cada estado;

b) 95%, proporcionalmente ao coeficiente individual de participação, resultante do produto do fator representativo da população dividido pelo inverso da renda *per capita*.

Além dos repasses do FPE fixados em lei, os entes subnacionais também recebiam dos governos militares as chamadas transferências negociadas (convênios), que cresceram significativamente entre 1966 e 1988.

Em 1988, a Constituição Federal (art. 159) determinou a criação do FPE e do FPM, com recursos do Imposto de Renda e do IPI. O art. 161, II, dispôs que Lei Complementar estabeleceria os "**critérios de rateio**" do FPE e do FPM, "objetivando promover o equilíbrio socioeconômico entre estados e municípios".

A Lei Complementar nº 62, de 1989, todavia, não estipulou critérios de rateio, como antes existia no Código Tributário Nacional: limitou-se a fixar coeficientes de participação para cada estado. Ela resultou de um projeto de autoria do deputado Firmo de Castro — PMDB/CE (PLP nº 104/1989), que veio a ser sancionado sem vetos pelo então presidente José Sarney. A tramitação do projeto no Congresso revela que a lei seria uma saída transitória, tendo em vista a falta de consenso entre os estados sobre qual seria a fórmula ideal para dividir o FPE. No lugar da técnica, valeu um acerto político imposto pela maioria: a tabela fixa foi construída a partir da decisão de dividir o fundo em duas partes, nada iguais, sendo 85% para as regiões Norte,

Nordeste e Centro-Oeste, e somente 15% para o Sul e o Sudeste. A distribuição seguinte, entre as UFs que integravam cada região, também foi definida aleatoriamente.

De acordo com a LC nº 62/1989, os coeficientes individuais de participação dos estados e do Distrito Federal no FPE deveriam ser aplicados até o exercício de 1991. A partir dessa data, os critérios de rateio seriam fixados em lei específica, com base na apuração do censo de 1990. Até hoje, porém, essa nova lei não foi editada.

Em comparação com os coeficientes fixados pelo CTN, a LC nº 62/1989 prejudicou diversos estados da Federação, entre eles o Rio de Janeiro.

**Comparação entre o coeficiente fixado na LC nº 62/1989 e no CTN**

| UF | LC nº 62/1989 | CTN | VARIAÇÃO |
|---|---|---|---|
| AC | 3,421 | 2,5773 | 0,8437 |
| AL | 4,1601 | 3,9034 | 0,2567 |
| AM | 2,7904 | 2,7881 | 0,0023 |
| AP | 3,412 | 2,2606 | 1,1514 |
| BA | 9,3962 | 7,3283 | 2,0679 |
| CE | 7,3369 | 8,8333 | -1,4964 |
| DF | 0,6902 | 0,6253 | 0,0649 |
| GO | 2,8431 | 3,4648 | -0,6217 |
| MA | 7,2182 | 6,9973 | 0,2209 |
| MS | 1,332 | 2,0755 | -0,7435 |
| MT | 2,3079 | 2,0853 | 0,2226 |
| PA | 6,112 | 6,952 | -0,84 |
| PB | 4,7889 | 3,9202 | 0,8687 |
| PE | 6,9002 | 7,8319 | -0,9317 |
| PI | 4,3214 | 4,0348 | 0,2866 |
| RN | 4,1779 | 3,1407 | 1,0372 |
| RO | 2,8156 | 2,3163 | 0,4993 |
| RR | 2,4807 | 2,3085 | 0,1722 |
| SE | 4,1553 | 2,5006 | 1,6547 |
| TO | 4,34 | 2,6507 | 1,6893 |
| N, NE, CO | 85 | 78,5949 | 6,4051 |
| ES | 1,5 | 1,2709 | 0,2291 |
| MG | 4,4545 | 5,0089 | -0,5544 |

| PR | 2,8832 | 3,6154 | -0,7322 |
|---|---|---|---|
| RJ | 1,5277 | 3,1353 | -1,6076 |
| RS | 2,3548 | 3,6638 | -1,309 |
| SC | 1,2798 | 2,2327 | -0,9529 |
| SP | 1 | 2,478 | -1,478 |
| S, SE | 15 | 21,4051 | -6,4051 |
| TOTAL | **100** | **100** | **0** |

OBS.: Elaboração própria, a partir de estudo realizado pelo consultor legislativo do Senado Federal Alexandre A. Rocha (*Rateio do FPE: Análise e Simulações*. Texto para Discussão nº 71/2010).

As distorções não se restringem à distribuição de 85% para as regiões Norte, Nordeste e Centro-Oeste e 15% para as regiões Sul e Sudeste. Há gravíssimos desequilíbrios inter-regionais. Se fossem levados em conta critérios do CTN, a alíquota da participação de Pernambuco no FPE deveria ser superior à do Maranhão. Distorção semelhante ocorre dentro das regiões Sul e Sudeste, notadamente com os estados de São Paulo e do Rio de Janeiro em relação aos demais. Não há critério que justifique a alíquota do Rio de Janeiro ser 1,53 e a de São Paulo, 1,0.

À falta de critério objetivo, preponderou o arranjo político, definido pelos blocos de poder regional que se faziam representar no Congresso Nacional. A sistemática consolidada na LC nº 62/1989 destina parcelas fixas do FPE às Unidades da Federação, sem considerar a melhora no quadro econômico e social de alguns estados.

O Tribunal de Contas da União (TCU) reconheceu que os "critérios" atualmente em vigor não contemplam a variação de população e o desenvolvimento entre os estados brasileiros. Diz o TCU que, "em consequência disso, os maiores beneficiados são e serão os habitantes das unidades da Federação com menor população e não daquelas menos desenvolvidas".[47]

[47] ACÓRDÃO Nº 2520/2011 — TCU — Plenário, 21 de setembro de 2011. Min. AROLDO CEDRAZ. Relator: 9.1.1. os cinco estados que possuem menor Índice de Desenvolvimento Humano (IDH) — Maranhão, Alagoas, Piauí, Paraíba e Pernambuco — são classificados como de população média; 9.1.2. o Brasil possui uma desigual

Esse cenário de incongruência foi contestado pelo STF (ADI 2727/DF, 1987/DF, 875/DF e 3243/DF), por meio da declaração de inconstitucionalidade dos atuais critérios de rateio dos recursos do Fundo de Participação dos Estados, constantes da lei.

O STF fixou a data de 31 de dezembro de 2012 para que o Congresso edite nova lei. Na ADI, o relator, ministro Gilmar Mendes, frisou:

a) "A fixação dos percentuais da LC nº 62 deveu-se mais a contingências históricas do que a estudos efetivamente realizados à época com a finalidade de apurar as disparidades socioeconômicas entre as regiões brasileiras."

b) "A natureza provisória e o **caráter eminentemente político** dos índices fixados pela Lei Complementar nº 62 foram expressamente reconhecidos pelo relator do projeto, deputado Firmo de Castro, que, nas razões que embasaram a referida proposta, deixou consignado o seguinte: 'Optou-se através deste projeto, de acordo com a sugestão unânime das Secretarias de Fazenda e de Finanças dos Estados, fixar-se **provisoriamente** os coeficientes individuais de participação de cada Unidade da Federação no FPE. Isso porque os parâmetros básicos, população e inverso da renda *per capita*, hoje [1989] desatualizados, não proporcionariam o grau de distributividade que todos desejam. Em razão das transformações significativas ocorridas na presente década, as quais estão afetando os perfis especiais de renda e população, será prudente e benéfico para todos que os critérios de distribuição do FPE sejam revistos em profundidade depois da apuração do censo de 1990, com dados atualizados e mais bem avaliados após dois anos de vigência do novo sistema tributário, o que se propõe ocorra com o FPM."

---

distribuição da população entre as unidades da Federação, sendo que os estados menos populosos não são os menos desenvolvidos; 9.1.3. na busca do equilíbrio socioeconômico, é indispensável que se estabeleçam critérios que observem as características mencionadas; 9.1.4. o critério atualmente em vigor, bem como os critérios em discussão no Congresso Nacional, não contemplam suficientemente essa variação de população entre os estados brasileiros e, em consequência disso, os maiores beneficiados são e serão os habitantes das unidades da Federação com menor população e não daquelas menos desenvolvidas.

c) "Viola o bom-senso imaginar que lei editada à época — apenas com base em médias históricas apuradas à época — ainda possa retratar a realidade socioeconômica dos entes estaduais."

Ora, com as incongruências existentes no FPE, torna-se temerária qualquer proposição legislativa que reparta recursos públicos em critérios declarados inconstitucionais. Repita-se: as alíquotas atuais foram declaradas inconstitucionais pelo STF, razão pela qual o Substitutivo do Senado, que trata da distribuição dos royalties, jamais poderia tê-las usado como parâmetro.

Ademais, não é razoável que a distribuição dos royalties deixe de levar em conta critérios de compensações sociais e ambientais decorrentes da exploração de petróleo, para considerar alíquotas que reforçam as assimetrias regionais. Nunca é demais lembrar que o FPE *per capita* do Rio de Janeiro é R$ 39,27, enquanto o de Roraima é R$ 2.275,68. Ou seja, um cidadão roraimense receberia 58 vezes mais recursos que um cidadão do Rio de Janeiro, residente em uma área diretamente afetada pela produção petrolífera.[48]

[48] Sem ter a pretensão de aprofundar o tema, deve ser mencionado, ainda, o fato de que o Rio de Janeiro é muito prejudicado também com os critérios de divisão do Fundo de Participação dos Municípios (FPM). Os recursos do FPM são distribuídos da seguinte forma: 10% são distribuídos entre as capitais, 86,4% entre os demais municípios, e o restante, 3,6%, são distribuídos entre os municípios do interior com mais de 156.216 habitantes (CTN e Decreto-Lei nº 1.881, de 27 de agosto de 1981). O coeficiente mínimo é 0,6 e é válido para municípios com até 10.188 habitantes. Para municípios que têm mais de 10.188 habitantes e menos de 156.216, foram definidas 16 faixas populacionais, cabendo a cada uma delas um coeficiente individual. Para todos os municípios do interior com mais de 156.216 habitantes foi determinado o coeficiente 4,0. Dois municípios de estados distintos situados na mesma faixa populacional terão o mesmo coeficiente, mas não receberão o mesmo valor do FPM, porque o percentual de participação em cada estado é diferente.

Esse sistema gera distorções, a ponto de um município de 1 milhão de habitantes, como São Gonçalo, receber os mesmos R$ 28,8 milhões que um município, por exemplo, de 160 mil habitantes, situado no Rio de Janeiro.

O estado do Rio de Janeiro tem como característica a existência de 6,9 milhões de pessoas vivendo em grandes cidades, fora da capital. Municípios populosos como São Gonçalo, Duque de Caxias, Nova Iguaçu, São João de Meriti, Belford Roxo, Niterói, entre outros, são duramente prejudicados com a sistemática atual de repasse do FPM.

A tabela a seguir demonstra as assimetrias dos repasses do FPM, especialmente na distribuição *per capita*.

Às disparidades existentes no FPE soma-se outra, intimamente ligada à tributação do petróleo no âmbito do ICMS.

A Constituição de 1988 diz que compete aos estados e ao Distrito Federal cobrar o ICMS, tributo que gera a maior arrecadação no país: totalizou, em 2010, R$ 256,83 bilhões (6,99% do PIB e 20,82% da carga tributária nacional).

O gráfico na página seguinte compara a receita oriunda do ICMS, do FPE e royalties. Em vários estados, o ICMS é a principal fonte de receita; em outros, localizados sobretudo nas regiões Norte, Nordeste e Centro-Oeste, o FPE tem maior destaque.

---

**Municípios beneficiados pelo FPM (2010)**

| Estado | Município | População | FPM | FPM *per capita* |
|---|---|---|---|---|
| CE | Grangeiro | 4.626 | 3.950.722,90 | 854,03 |
| SP | Sabino | 5.226 | 3.658.396,04 | 700,04 |
| AL | Palmeira dos Índios | 70.434 | 16.161.296,87 | 229,45 |
| MG | Cataguases | 104.612 | 19.133.558,60 | 182,90 |
| BA | Itabuna | 204.710 | 42.900.329,16 | 209,57 |
| RJ | Nova Iguaçu | 795.212 | 28.814.216,55 | 36,23 |
| RJ | Duque de Caxias | 855.046 | 28.814.216,55 | 33,70 |
| RJ | São Gonçalo | 999.901 | 30.632.911,64 | 30,64 |

Fontes: População: Decisão Normativa nº 109/2010 do TCU. FPM: Estatísticas do Tesouro Nacional.

Note-se que municípios grandes como Nova Iguaçu (R$ 36,23), Duque de Caxias (R$ 33,70) e São Gonçalo (R$ 30,64) têm um FPM *per capita* bem abaixo de municípios menores, com cerca de 5 mil habitantes, como Granjeiro (R$ 854,03) e Sabino (R$ 700,05).

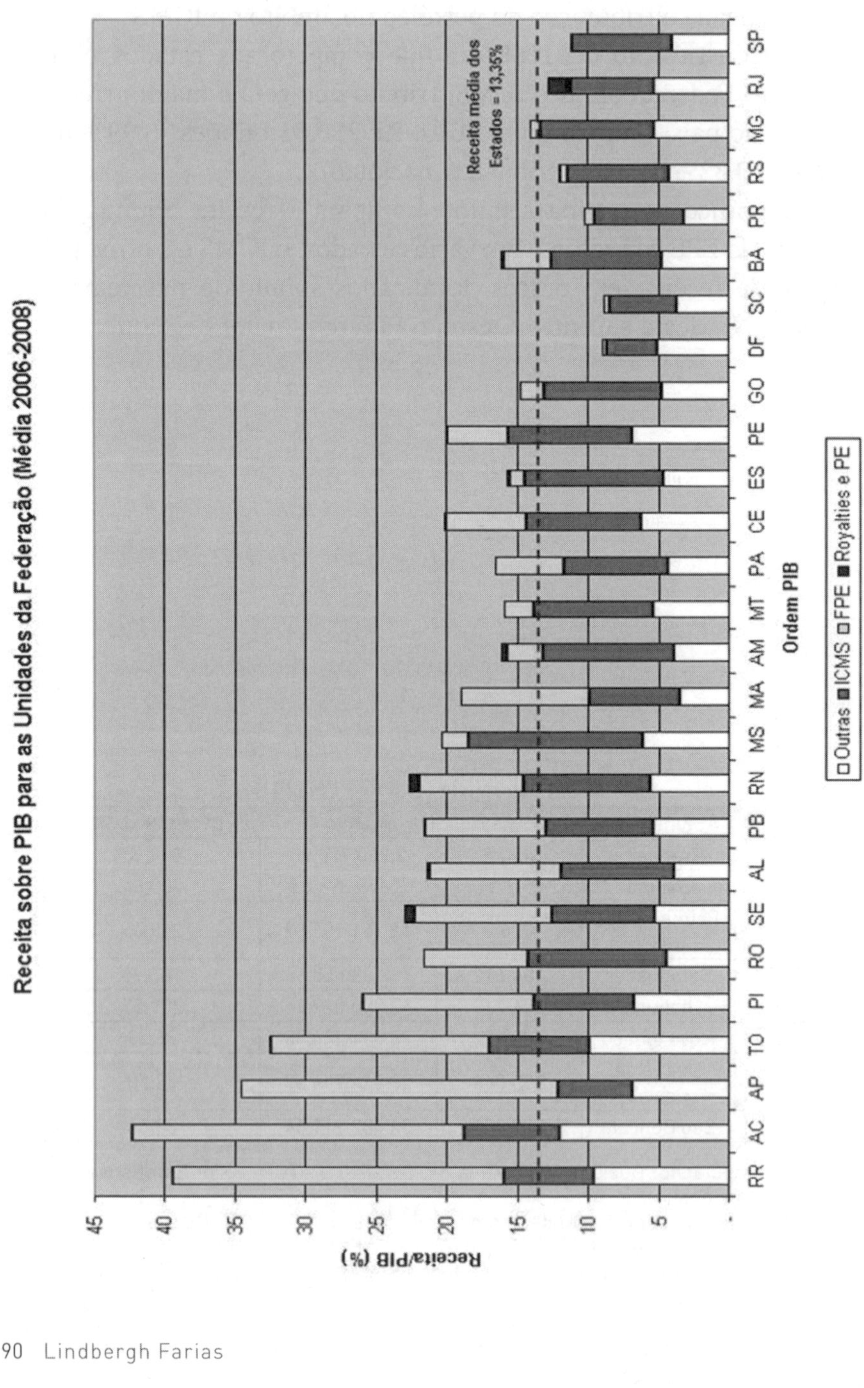
Receita sobre PIB para as Unidades da Federação (Média 2006-2008)
Receita/PIB (%)
45
40
35
30
25
20
15
10
5
Receita média dos Estados = 13,35%
RR AC AP TO PI RO SE AL PB RN MS MA AM MT PA CE ES PE GO DF SC BA PR RS MG RJ SP
Ordem PIB
Outras
ICMS
FPE
Royalties e PE

Como regra geral, o ICMS é cobrado na origem. Todavia, como visto, por força do art. 155, § 2º, X, *b*, da Constituição da República, o ICMS não incide "sobre operações que destinem a outros estados petróleo, inclusive lubrificantes líquidos e gasosos dele derivados, e energia elétrica". Assim, unidades da Federação "exportadoras" de petróleo e seus derivados, e de energia elétrica, como Rio de Janeiro, Espírito Santo, Paraná e Pará, entre outras, ficam privadas da receita correspondente de ICMS.

Tal sistemática representou uma derrota para o Rio de Janeiro na Assembleia Nacional Constituinte de 1987/88. Lembrando que esta extinguiu os antigos impostos únicos da União (sobre combustíveis, energia elétrica, mineração e serviços de comunicações e transportes) e incorporou tais bases às do antigo ICM estadual. No caso das duas primeiras e mais relevantes bases, optou por adotar o princípio de destino, em claro e óbvio prejuízo para UFs que produziam petróleo e energia elétrica, sendo que não havia qualquer razão técnica para discriminar esta das demais bases do imposto estadual.

Para compensar parcialmente essa perda do ICMS, o art. 20, § 1º, da Constituição Federal assegurou, justamente, aos estados e municípios produtores de petróleo e de energia elétrica participação nos resultados da respectiva exploração. As receitas daí decorrentes, na forma de royalties e participações especiais, seriam apenas uma forma de atenuar a competência tributária que foi subtraída dos respectivos estados produtores. Uma perda, então, compensaria um ganho. Uma perda, então, compensaria um ganho. Essa tese foi sacramentada em julgamento no Supremo Tribunal Federal — talvez não por acaso, a partir de voto do ministro Nelson Jobim, que antes tinha sido deputado Constituinte na Assembleia de 1987/88.

Dados da Secretaria de Desenvolvimento do Rio de Janeiro demonstram que, caso o ICMS oriundo do petróleo fosse cobrado na origem, em 2012, o estado arrecadaria a mais cerca de R$ 6,8 bilhões.

Caso o debate dos royalties não se faça em conjunto com as demais receitas do petróleo, as disparidades entre os estados aumentarão. Estados com participação relevante na economia do petróleo e de energia elétrica tendem a apresentar, proporcionalmente, arrecadação de ICMS inferior à média nacional, como evidenciado na tabela seguinte, que expressa a carga de tributos em relação ao PIB de cada UF em 2009. No caso do Rio de Janeiro, a razão ICMS/PIB (5,4%) foi muito abaixo da média nacional (7,4%). O Paraná, cuja geração de energia elétrica é importante na composição do PIB, tem situação semelhante (a razão ICMS/PIB é 6,8%).

**Percentual do ICMS no PIB — 12 estados de maior PIB em ordem de PIB em 2009**

| UF | ICMS | | |
|---|---|---|---|
| | Part. (%) | (R$) milhões | PIB (%) |
| **Pernambuco** | 3,0 | 6.710 | 9,5 |
| **Espírito Santo** | 2,9 | 6.398 | 9,2 |
| **Goiás** | 2,9 | 6.561 | 8,7 |
| **Ceará** | 2,3 | 5.027 | 8,5 |
| **Bahia** | 4,2 | 4.091 | 7,7 |
| **São Paulo** | 34,30 | 76.153 | 7,6 |
| **Rio Grande do Sul** | 6,6 | 14.733 | 7,4 |
| **Paraná** | 5,5 | 12.244 | 6,8 |
| **Santa Catarina** | 3,7 | 8.359 | 6,8 |
| **Rio de Janeiro** | 8,30 | 18.619 | 5,4 |
| **Distrito Federal** | 1,8 | 4.091 | 3,5 |
| **Média Brasil** | 100 | 223.343 | 7,4 |

A persistir o debate no sentido de redistribuição isolada dos royalties e da participação especial, entendemos que as operações relativas a petróleo e derivados, e a energia elétrica, devam voltar ao trilho das operações interestaduais ordinárias, como qualquer outra mercadoria. Assim, precisaremos mudar o art. 155 da Constituição Federal para permitir que o estado de origem cobre ICMS sobre petróleo e derivados, e sobre energia elétrica.

# Capítulo IV

## Constituição Federal e irracionalidade no debate dos royalties

A construção da Federação é um processo longo e complexo, permeado por tensões, choques de interesses, conflitos entre projetos políticos e contradições ideológicas. Afinal, não estamos falando de decisões pontuais negociadas por um número limitado de atores individuais sobre questões contingentes: nosso objeto é a configuração histórica e coletiva da forma pela qual a nação vive sua unidade — respeitando, valorizando e circunscrevendo as diferenças que a constituem. Na história do Brasil, o pacto federativo foi reordenado inúmeras vezes, quase sempre sob regência da força centrípeta da União, em detrimento de estados e municípios.[49]

Nesse quadro identifica-se uma tendência diacrônica de longo curso e, por isso, estruturante da organização política da sociedade

[49] O senador Francisco Dornelles lembra que o verdadeiro pacto federativo brasileiro foi firmado no capítulo da Constituição que trata do Sistema Tributário. Por isso, seu texto é tão extenso, detalhista, preciso, específico, porque precisou equacionar o embate federativo entre as três esferas de governo (União, estados e municípios) e entre as unidades que integram cada esfera (ou seja, a questão regional). Não é por outro motivo que se torna tão difícil aprovar uma reforma tributária no Brasil. A mesma lógica deveria valer para os royalties, porém, neste caso, se tenta mudar, através de uma mera lei ordinária, um pacto federativo que está cravado na Constituição, ainda que ao tratar dessa matéria ela não tenha sido tão detalhista como foi ao definir o tamanho do FPE ou do FPM, por exemplo. De forma oportunista, e nada republicana ou federativa, uma maioria no Senado rompeu o que tinha sido pactuado em 1988 e tenta romper esse pacto para impor prejuízos a uma minoria de estados, que são os produtores.

brasileira: nos períodos pré-republicanos, tanto na Colônia quanto no Império, as oscilações pendulares entre centralização e descentralização terminaram reafirmando a supremacia do poder central, relativamente às disposições regionais autonomistas e, eventualmente, segregacionistas. Com a República, apesar da proclamada autonomia dos estados, e agora (pós-1988) dos municípios, a concentração de poderes na União seguiu como uma das características mais marcantes.

Há o risco de que a questão dos royalties seja tratada como apenas mais um episódio da velha e previsível crônica do equilíbrio federativo desrespeitado. Devemos envidar todos os esforços para evitar que a sina do desequilíbrio se cumpra. É preciso manter alerta a lucidez e não permitir que a racionalidade seja ludibriada quando se oculta a mais despudorada injustiça sob o disfarce benigno da justiça retributiva e da harmonia nacional. Se o país se recusar a olhar nos olhos a realidade atual de seu pacto federativo, o desfecho do dissídio dos royalties será a fragilização da Federação desenhada em 1988.

A Constituição Federal de 1988 procurou estabelecer um equilíbrio federativo na regulamentação dos royalties e do ICMS incidentes sobre petróleo e energia: estados produtores apropriar-se-iam, como receita originária, dos royalties e os estados não produtores ficariam com o ICMS, também como receita originária.

Essa equação foi inscrita na Carta Magna com nitidez cristalina, no art. 20, § 1º (royalties), em combinação com o art. 155, § 2º, X, *b* (ICMS). O que dizem esses dispositivos?

O art. 20, § 1º, assegura o direito dos estados e municípios produtores, bem como aos órgãos da União, à compensação financeira pela exploração de petróleo, gás natural e outros recursos naturais pertencentes à União:

> Art. 20. (...) § 1º. **É assegurada**, nos termos da lei, **aos estados, ao Distrito Federal e aos municípios**, bem como a órgãos da administração direta da **União, participação no resultado da exploração de petróleo ou gás natural**, de recursos hídricos para fins de geração de energia elétrica e de outros recursos minerais

> no respectivo território, plataforma continental, mar territorial ou zona econômica exclusiva, ou **compensação financeira por essa exploração.**

Como lembra o ex-ministro do STF, Eros Grau, a Constituição não pode ser interpretada em tiras, aos pedaços. A ordem jurídica constitui um sistema, dotado de unidade e harmonia. Todos os elementos de interpretação conduzem a uma mesma conclusão: esse dispositivo dirige-se aos estados e municípios em cujo território se dá a exploração de petróleo ou gás natural ou que sejam afetados por essa exploração, assim como aos órgãos da administração direta da União. Nas palavras do professor de direito constitucional da Uerj Luís Roberto Barroso:

> A interpretação adequada do art. 20, § 1º, da Constituição Federal é no sentido de que as participações ou compensações financeiras nele previstas, em razão da exploração de petróleo e gás natural, devem ser pagas: a) aos estados e municípios em cujo território se dá a exploração; e b) aos estados e municípios confrontantes, no caso de exploração marítima. Trata-se de um direito subjetivo constitucional assegurado a esses entes, e não um favor concedido a critério da União.[50]

Em síntese, o art. 20, § 1º, da Constituição Federal diz que os royalties constituem "direito subjetivo público dos estados e municípios produtores e afetados", eis que nada mais são do que a compensação financeira decorrente da exploração.

O ex-presidente do Supremo Tribunal Federal (STF), Célio Borja concorda:

> O artigo 21, § 1º, da Constituição localiza a exploração do petróleo e do gás natural "no respectivo território, plataforma continental, mar territorial ou zona econômica exclusiva". Não se cuida de

[50] BARROSO, Luís Roberto. **Federalismo, Isonomia e Segurança Jurídica:** inconstitucionalidade das alterações na distribuição de royalties do petróleo. Parecer. Disponível em: <http://www.iabnacional.org.br/IMG/pdf/doc-3045.pdf>. Acesso em 1.9.2011. p. 34.

mera justaposição de áreas, mas de projeção geográfica e geoeconômica da superfície do território estadual em qualquer sítio ou profundidade do solo e subsolo marinhos, e que com ele estejam em relação de contiguidade ou, nas palavras do art. 20, do Decreto nº 1, de 11 de janeiro de 1991, "como confrontantes com poços produtores, [os estados e municípios] contíguos à área marítima delimitada pelas linhas de projeção dos respectivos limites territoriais até a linha de limite da plataforma continental, onde estiverem situados os poços (art. 20, *caput*)".

A confrontação é que qualifica estados e municípios como produtores, uma vez que, na sua área geoeconômica, se localizem três ou mais instalações industriais de processamento, armazenamento e escoamento de petróleo e gás natural e de apoio à produção e ao escoamento desses produtos — portos, aeroportos, oficinas de manutenção e fabricação, almoxarifados, armazéns e escritórios; oleodutos e gasodutos. Os municípios contíguos a esses e os que sofrem as consequências sociais e econômicas da produção ou exploração do petróleo ou do gás natural constituem, na área geoeconômica, zona limítrofe à de produção (Decreto nº 1, cit., art. 20, § 2º).

Essas regras explicam a participação e a compensação financeira dos estados e municípios a que alude o § 1º do art. 20 da Constituição, concedida a estados e municípios que se vinculam ao processo produtivo como associados do empreendimento levado a cabo em áreas por eles jurisdicionadas e pela União.[51]

Ao decidir sobre a natureza jurídica dos royalties, o Supremo Tribunal Federal, no voto-guia da relatora ministra Ellen Gracie, consolidou a posição segundo a qual essa compensação financeira representa *receita pública originária* dos entes da Federação: "a participação ou compensação aos estados, Distrito Federal e municípios no resultado da exploração de petróleo, xisto betuminoso e gás natural são receitas originárias destes últimos entes

[51] BORJA, Célio. Parecer. Rio de Janeiro, 2011. Mimeo.

federativos (...). Trata-se de receita originária que lhe é confiada diretamente pela Constituição".[52]

Traduzindo essa leitura jurídica e a própria decisão judicial para o mundo do orçamento e da contabilidade pública, os recursos de royalties e participações especiais recebidos pelos estados e pelos municípios não devem ser classificados como "receitas de transferências" — como é o caso dos fundos de participação. Eles deveriam ser registrados sob a rubrica de receitas patrimoniais nos balanços estaduais e municipais, a exemplo do que é feito no Balanço Geral da União. Isso também é consistente com o fato de que o dispositivo constitucional em questão usa o verbo "assegurar" no lugar de "entregar, repassar, distribuir ou transferir". Parece sutil a diferença, mas ela enseja uma natureza completamente distinta da receita: a compensação pela extração de petróleo não é uma receita que compete a uma esfera de governo (como no caso, por exemplo, do IPI, cuja responsabilidade pela cobrança pertence à União) e que, depois de ter sido por ele arrecadada, tem uma parcela ou uma cota entregue ou transferida para as outras esferas de governo (como por intermédio do FPE e do FPM, no mesmo exemplo). Royalties e participações especiais constituem receitas próprias, patrimoniais, dos estados e dos municípios produtores e confrontantes.

Politicamente, outra face da mesma moeda que delegou as compensações de petróleo e também recursos hídricos e minerais aos governos produtores foi a definição de regra especial na incidência do imposto estadual sobre essas mesmas bases.

A receita de ICMS decorrente da exploração de petróleo e derivados e da geração de energia elétrica, ao contrário dos royalties, no caso de uma operação interestadual, não é apropriado pelo governo produtor, mas pelo destinatário desse bem. Essa é uma exceção constitucional ao preceito geral do ICMS que compartilha a receita interestadual entre origem e destino, a depender de alíquota fixada pelo Senado Federal.

---

[52] STF, *DJ* 19 dez. 2003, MS 24312/DF, Relª Minª Ellen Gracie.

O STF entende que essa exceção foi criada para beneficiar o "Estado de destino dos produtos em causa, ao qual caberá, em sua totalidade, o ICMS sobre eles incidente, desde a remessa até o consumo".[53] Em outro julgado que abordou o mesmo tema, o ministro Nelson Jobim sustentou que uma coisa compensaria a outra. Resgatando a memória de sua atuação como deputado na Assembleia Nacional Constituinte, explicitou a conexão necessária e deliberada entre os dois dispositivos:

> Daí por que preciso ler o § 1º do art. 20, em combinação com o inciso X do art. 155, ambos da Constituição Federal.
>
> O que se fez? Estabeleceu-se que o ICMS não incidiria sobre operações que se destinassem a outros estados — petróleo, inclusive lubrificantes, combustíveis líquidos, gasosos e derivados e energia elétrica —, ou seja, tirou-se da origem a incidência do ICMS.
>
> (...) Assim, decidiu-se da seguinte forma: tira-se o ICMS da origem e se dá aos estados uma compensação financeira pela perda dessa receita. Aí criou-se o § 1º do art. 20 (...).
>
> Então, ministra Ellen, estou tentando recompor a questão histórica, com isso, que não é uma receita da União que liberalmente está dando, por convênio, ao estado; é uma receita originária dos estados, face à compensação financeira da exploração em seu território de um bem, de um produto sobre o qual não incide o ICMS.[54]

Outro aspecto a ser considerado no debate é que os royalties representam uma compensação pelo aumento da demanda por serviços públicos e atividades governamentais nas áreas de exploração. São evidentes os elevados impactos e riscos ambientais impostos aos estados confrontantes às áreas de produção. Esses riscos foram tristemente demonstrados pelo recente acidente de grandes proporções ocorrido no Golfo do México. Estima-se que um vazamento similar afetaria a costa do Rio de Janeiro em apenas dois dias, gerando prejuízos materiais e

[53] STF, *DJ* 5 set. 2000, RE 198088/SP, Rel. Min. Ilmar Galvão.

[54] STF, *DJ* 19 dez. 2003, MS 24312/DF, Relª Minª Ellen Gracie.

imateriais incalculáveis.[55] Uma pequena mostra desses impactos ficou evidenciada no vazamento de óleo ocorrido em oito de novembro de 2011 no Campo de Frade, na Bacia de Campos, no litoral do Rio de Janeiro, de responsabilidade da Chevron Brasil Petróleo Ltda. O vazamento é emblemático para tratar de alguns pontos fundamentais para o atual momento político em que vive o país: primeiro, demonstra que os royalties devem ser pagos aos estados e municípios produtores, que são os mais afetados por acidentes ambientais dessa natureza. Segundo, remetem para a óbvia necessidade de se investir em diversas frentes de atuação como ações preventivas, desde a fiscalização, a planos de contingência, a planos de emergência e medidas de monitoramento. Por fim, traz à luz a necessidade de se desenhar planos de reinvestimento dos royalties adquiridos por essa escassa fonte energética para outra matriz, menos poluente e sustentável, com o escopo de evitar, não apenas a dependência energética, como também que não se repita desastre ambiental semelhante ao caso Chevron.

Segundo Nota da Agência Nacional de Petróleo — ANP, o governo brasileiro, através da própria ANP, do IBAMA e da Marinha do Brasil, está monitorando o acidente. Em 21/11/2011, as estimativas da Agência indicavam que a vazão média de óleo derramado estaria entre 200 e 330 barris/dia no período de 8 a 15 de novembro e que o vazamento tinha atingido 18 km de extensão e 11,8 $km^2$ de área. No mesmo dia, o IBAMA multou a empresa em R$ 50 milhões, com base na Lei do Óleo (Lei nº 9.966/2000), em virtude do vazamento ocorrido. Em 23/11/2011, a Diretoria da ANP determinou:

> a suspensão das atividades de perfuração no Campo de Frade até que sejam identificadas as causas e os responsáveis pelo vazamento de petróleo e restabelecidas as condições de segurança na área. Essa deliberação suspende toda atividade de perfuração da Chevron do Brasil Ltda. no território nacional. A ANP rejeitou, na mesma decisão,

[55] Ramona Ordoñez, Renato Grandelle e Rennan Setti, "Vazamento no Golfo expõe riscos do petróleo no Rio. Analistas estimam que acidente similar afetaria praias fluminenses em 2 dias", *O Globo*, 16 maio 2010, p. 31.

o pedido da concessionária para perfurar novo poço no Campo de Frade com o objetivo de atingir o pré-sal. A Diretoria entende que a perfuração de reservatórios no pré-sal implicaria riscos de natureza idêntica aos ocorridos no poço que originou o vazamento, maiores e agravados pela maior profundidade. A medida não alcança as atividades necessárias ao abandono definitivo do poço 9-FR-50DP-RJS e a restauração das suas condições de segurança.[56]

Esse aspecto também objeto de consideração expressa pelo STF, como assevera o ministro relator Sepúlveda Pertence:

A compensação se vincula, a meu ver, não à exploração em si, mas aos problemas que gera. Com efeito, a exploração de recursos minerais e de potenciais de energia elétrica é atividade potencialmente geradora de um sem-número de problemas para os entes públicos, especialmente ambientais (...), sociais e econômicos, advindos do crescimento da população e da demanda por serviços públicos.

Além disso, a concessão da lavra e a implantação de uma represa inviabilizam o desenvolvimento de atividades produtivas na superfície, privando estados e municípios das vantagens delas decorrentes.

Pois bem. Dos recursos despendidos com esses e outros efeitos da exploração é que devem ser compensadas as pessoas referidas no dispositivo.[57]

Nesse mesmo sentido, o parecer do Ministério Público Federal, assinado pelo subprocurador-geral da República João Batista de Almeida, destaca que essa era a vontade do legislador constituinte originário:

Da mesma forma, a compensação financeira instituída pela atual Constituição Federal, na verdade, como alternativa à participação nos resultados, se faz em virtude de uma atividade especialmente danosa a União, estados, Distrito Federal e municípios, no que estes fazem jus a uma recomposição, expressa em valor monetário,

[56] Disponível em: <www.anp.gov.br>. Acesso em 21.11.2011.

[57] STF, *DJ* 16 nov 2001, RE 228800/DF, Rel. Min. Sepúlveda Pertence.

dos prejuízos porventura suportados. Essa é, portanto, a natureza da compensação, como querido pelo constituinte. Neste ponto, não há como tergiversar.[58]

Em outro julgamento, pela voz do relator, ministro Gilmar Mendes, a Suprema Corte brasileira reafirmou essa posição:

> Naquele precedente [MS 24312/DF] também foi expressamente consignado nos votos dos ministros Sepúlveda Pertence (inicialmente, inclusive invocando o decidido pela 1ª Turma no RE 228.800) e Nelson Jobim (posteriormente), cujos fundamentos foram incorporados pela relatora e pela integralidade do Plenário, que a causa à compensação não é a propriedade do bem, pertencente exclusivamente à União, mas sim a sua exploração e o dano por ela causado.[59]

Repita-se o argumento categórico do ministro Gilmar Mendes: a causa à compensação não é a propriedade do bem, pertencente exclusivamente à União, mas sim a sua exploração e o dano por ela causado.

O professor José Afonso da Silva pronuncia-se na mesma direção:

> Não se dão a participação 'e' compensação conjuntamente; a compensação só cabe se não for possível a participação; a participação no resultado da exploração mineral tem já por si sentido compensador; é prevista exatamente porque a exploração no território traz ônus, encargos, exigências de serviços por parte da entidade beneficiada; (...) o direito nasce (é causado) pela exploração dos minerais, indicados no dispositivo, no território da entidade (...); mas o texto em comentário estende o direito à exploração também na plataforma continental, mar territorial ou zona econômica exclusiva.[60]

---

[58] STF, *DJ* 16 nov 2001, RE 228800/DF, Rel. Min. Sepúlveda Pertence.

[59] STF, *DJ* 9 jun 2006, AI 453025 AgR/DF, Rel. Min. Gilmar Mendes.

[60] SILVA, José Afonso da. **Comentário contextual à Constituição**. São Paulo: Malheiros, 2005. p. 258-9.

A exploração de petróleo gera diversas novas demandas. Dos potenciais problemas ambientais, passando por políticas sociais (como saúde e educação), até chegar à infraestrutura, a economia do petróleo impõe ao poder público necessidade de fazer investimentos excepcionais. Como exemplo cito Macaé, no Rio de Janeiro. O crescimento da indústria do petróleo provocou brutal aumento populacional, com a chegada de gente de todo o país e do mundo: a população, que em 1980 era de 78,8 mil pessoas, saltou para 194,3 mil em 2009, de acordo com dados do IBGE. Dez por cento da população é de estrangeiros.

Resumindo esse entendimento, Luís Roberto Barroso afirma:

> Dessa forma, se a participação/compensação é devida em razão dos ônus suportados pelos estados-membros em decorrência de uma atividade econômica de interesse da União, parece claro que tal participação só será devida aos entes que, de fato, sofram essas consequências. Note-se bem, na linha da clara posição do STF, que o direito a royalties não decorre quer da propriedade do recurso — que sempre é da União —, quer da titularidade direta da área de produção, mas da circunstância de o estado e o município estarem na esfera de impacto ambiental e socioeconômico da atividade, por se tratar de seu território ou por serem confrontantes da área de exploração.[61]

O consagrado constitucionalista e professor da Uerj sustenta que essa conclusão decorre dos quatro principais elementos de interpretação jurídica aplicados ao art. 20, § 1º, da Constituição Federal:[62]

---

[61] BARROSO, Luís Roberto. **Federalismo, Isonomia e Segurança Jurídica:** inconstitucionalidade das alterações na distribuição de royalties do petróleo. Parecer. Disponível em: <http://www.iabnacional.org.br/IMG/pdf/doc-3045.pdf>. Acesso em 1.9.2011. p. 20.

[62] BARROSO, Luís Roberto. **Federalismo, Isonomia e Segurança Jurídica:** inconstitucionalidade das alterações na distribuição de royalties do petróleo. Parecer. Disponível em: <http://www.iabnacional.org.br/IMG/pdf/doc-3045.pdf>. Acesso em 1.9.2011. p. 35-6.

(i) interpretação literal: o dispositivo associa o pagamento de royalties ao local da exploração e utiliza o termo *compensação financeira*, que somente pode se referir a quem suporta o ônus da atividade, e não a todos os estados indistintamente;

(ii) interpretação histórica: o constituinte de 1988, ao constitucionalizar a questão dos royalties, teve a clara intenção de manter a sistemática instituída por sucessivas leis, desde 1953, que os destinava aos estados em cujo território se dava a exploração ou, no caso de exploração marítima, aos estados confrontantes;

(iii) interpretação sistemática: o art. 20, § 1º, deve ser interpretado em conjunto com o art. 155, § 2º, X, *b*, também da Constituição, segundo o qual o ICMS incidente sobre a aquisição de petróleo é devido ao estado de destino e não ao de origem, como se passa com quase todos os bens. Os royalties compensam a perda da receita tributária dos estados produtores; e

(iv) interpretação teleológica: os royalties destinam-se a compensar estados e municípios produtores pelos impactos e riscos, ambientais e socioeconômicos, decorrentes da atividade econômica de interesse da União. Aí se inclui, notadamente, o aumento da demanda de serviços públicos, como abastecimento de água, saneamento básico, educação, saúde, transporte e segurança pública, entre muitos outros.

Nas sociedades democráticas, a Constituição representa o contrato social que organiza os poderes do estado e fixa as diretrizes gerais de condutas para a sociedade. Respeitar a Constituição, submeter-se à sua força normativa, é fundamental para assegurar a democracia. No que concerne à Federação, o desrespeito à Constituição pode ferir de morte o próprio pacto federativo.

A Carta Constitucional, entretanto, não tem sido respeitada no debate dos royalties. Tanto as emendas Ibsen/Simon, vetadas pelo presidente Lula, quanto o Substitutivo de autoria do senador Vital do Rego, ao PLS nº 448/2011, do senador Wellington Dias, aprovado pelo Senado Federal em 19 de outubro de 2011, são flagrantemente inconstitucionais. Isso porque, além de não considerarem a Constituição em seu conjunto, essas proposições legislativas subverteram o sentido e o alcance do art. 20, § 1º.

A expectativa legítima de recebimento imediato de receitas oriundas do petróleo por parte dos estados e municípios produtores não pode sacrificar estados e municípios não produtores. Mas a pressão dos não produtores criou um clima de disputa federativa poucas vezes vista na República, com o Senado, de casa da Federação, transformando-se em arena na qual estados produtores e não produtores travaram luta fratricida pelos recursos oriundos do petróleo e derivados.

Inoportunamente, o Substitutivo do senador Vital do Rego ao projeto do senador Wellington Dias não respeitou o amplo acordo firmado pelo presidente Lula e expresso no PL nº 8.051/2010. Além de modificar os critérios de distribuição proposto pelo ex-presidente para os royalties decorrentes das áreas de pré-sal e outras consideradas estratégicas, exploradas sob o regime de partilha, o Substitutivo avança sobre todos os contratos já firmados sob o regime de concessão. Não respeita, assim, o direito adquirido e o ato jurídico perfeito. O texto subverte o princípio jurídico milenar segundo o qual o que foi contratado deve ser respeitado (*pacta sunt servanda*).

A primeira versão do Substitutivo era tão impactante que chegava a modificar as linhas de projeções atuais dos estados e municípios confrontantes, redefinindo as fronteiras "marítimas" brasileiras, o que modificaria a definição atual de qual seria a unidade confrontante.

Os mapa a seguir demonstra que Pará, Maranhão, Pernambuco, Paraíba, Sergipe, Alagoas, Rio Grande do Norte, Rio de Janeiro, São Paulo seriam os estados que mais perderiam caso a proposta fosse aprovada.

**Linhas de projeções atuais dos estados e municípios confrontantes ao mar**

| Atual (IBGE) | 1ª versão do Substitutivo do senador Vital do Rego |
|---|---|
|  |  |

No mapa geodésico da página seguinte, os campos petrolíferos da área do pré-sal estão destacadas em amarelo. As linhas brancas correspondem às linhas de projeção atual. As vermelhas dizem respeito à proposta do Substitutivo. Como se pode notar, o estado do Rio de Janeiro perderia 80% dos campos do pré-sal (poços do Parque das Baleias, Iara, Tupi e Júpiter). São Paulo perderia para o Paraná os campos de Bem-Te-Vi, Guará e a maior parte de Tupi e Júpiter, bem como perderia os campos de Caramba para Santa Catarina.

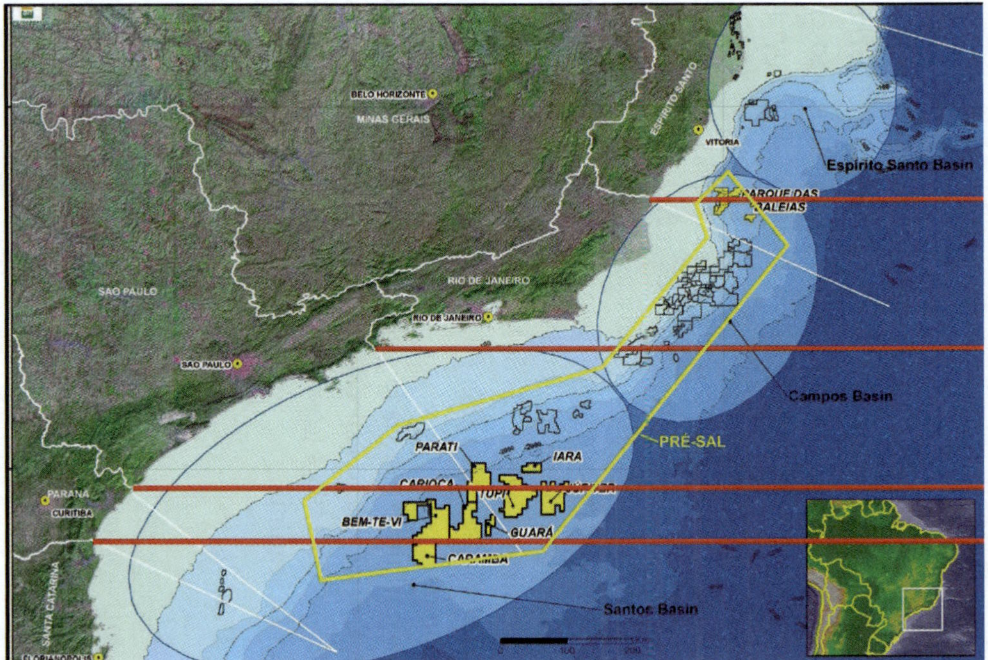


Em vermelho, as novas divisões propostas de acordo com o artigo 5º do relatório do Senador Vital do Rego.

Em branco, as atuais divisões estabelecidas pelo Instituto Brasileiro de Geografia e Estatística (IBGE).

Na votação final do texto, o relator, sentindo a grande reação negativa dos parlamentes dos estados produtores, concordou em suprimir essa questão e outros penduricalhos constantes da proposição.[63] É preciso, porém, ficarmos atentos, já que o senador Vital do Rego disse que reapresentaria essas propostas em outros projetos de lei.

O Substitutivo do Senado promove a desvinculação de receitas de diversos órgãos da administração direta federal — aliás, contrariando o especificado na própria Carta Magna, que não cita a União (como menciona os estados e municípios). Hoje, por força do art. 20, § 1º, a legislação estabelece quais os órgãos devem ser contemplados com recursos dos royalties e participação especial. Com a redação do Substitutivo, todos os recursos da União serão destinados ao Fundo Social, que não é um órgão da administração direta da União, como exigido pelo dispositivo constitucional citado. Pelos objetivos de tal fundo não há indicações de que os recursos seguirão beneficiando os Ministérios do Meio Ambiente, Ciência, Tecnologia e Inovação e Defesa, como previsto na legislação vigente.

Pelo Substitutivo aprovado pelo Senado, a distribuição dos royalties e participação especial do petróleo extraído em mar[64] no regime de concessões (contratos assinados), cuja alíquota é de 10%,[65] será a seguinte:

---

[63] Na votação final, foram retirados do Substitutivo os dispositivos que tratavam da alteração das fronteiras entre os estados, bem como dispositivos que permitiriam a constituição de *joint ventures* entre a União e o Contratado na pesquisa, exploração e produção do petróleo, bem como aqueles que estabeleciam limites percentuais nas relações contratuais de partilha do "excedente em óleo", determinação do "custo-óleo" entre a União e o Contratado, bem como o que vedava a venda de óleo pela União a preços inferiores aos de mercado.

[64] O Substitutivo não traz alterações relevantes na distribuição dos royalties em terra.

[65] Tendo em conta os riscos geológicos, as expectativas de produção e outros fatores pertinentes, a ANP poderá prever, no edital de licitação correspondente, a redução do valor dos royalties para um montante correspondente a, no mínimo, 5% da produção.

**Regime de concessão — Distribuição dos royalties (em mar)**

| | Modelo atual* | Substitutivo do Senado** | |
|---|---|---|---|
| | | 2012 | 2020 |
| Municípios produtores/ confrontantes | 26,25% | 17% | 4% |
| Municípios afetados/com instalações | 8,75% | 3% | 2% |
| Estados produtores/ confrontantes | 26,25% | 20% | 20% |
| Fundo Especial (estados e municípios não produtores) | 8,75% | 40% | 54% |
| União (Fundo Social) | 30,00% | 20% | 20% |
| **Total** | **100%** | **100%** | **100%** |

* Lei nº 7.990/1989 e Lei nº 9.478/1998.

** PL nº 8.051/2010.

Não bastasse adentrar os royalties decorrentes dos contratos firmados sob o regime de concessões, o Substitutivo do Senado ainda retira parte das participações especiais da União e, sobretudo, muito do destinado aos estados e municípios produtores:

**Regime de concessão — Distribuição das participações especiais (em mar)**

| | Modelo atual* | Substitutivo do Senado** | |
|---|---|---|---|
| | | 2012 | 2020 |
| Municípios produtores/ confrontantes | 10% | 5% | 4% |
| Municípios afetados/com instalações | – | – | – |
| Estados produtores/ confrontantes | 40% | 34% | 20% |
| Fundo Especial (estados e municípios não produtores) | – | 19% | 30% |
| União (Fundo Social) | 50,00% | 42% | 46% |
| **Total** | **100%** | **100%** | **100%** |

* Lei nº 7.990/1989 e Lei nº 9.478/1998.

** PL nº 8.051/2010.

A tabela abaixo explica, de forma mais detalhada, quais serão as alíquotas a serem observadas para os contratos de concessão no período 2012 a 2020:

| *ROYALTIES* | 2010 | 2011 | 2012 | 2013 | 2014 | 2015 | 2016 | 2017 | 2018 | 2019 | 2020 |
|---|---|---|---|---|---|---|---|---|---|---|---|
| Total | 100,00% | 100,00% | 100,00% | 100,00% | 100,00% | 100,00% | 100,00% | 100,00% | 100,00% | 100,00% | 100,00% |
| União | 30,00% | 30,00% | 20,00% | 20,00% | 20,00% | 20,00% | 20,00% | 20,00% | 20,00% | 20,00% | 20,00% |
| Total Confrontantes | 61,25% | 61,25% | 40,00% | 38,00% | 36,00% | 34,00% | 32,00% | 29,00% | 27,00% | 26,00% | 26,00% |
| Estados confrontantes | 26,25% | 26,25% | 20,00% | 20,00% | 20,00% | 20,00% | 20,00% | 20,00% | 20,00% | 20,00% | 20,00% |
| Municípios confrontantes | 26,25% | 26,25% | 17,00% | 15,00% | 13,00% | 11,00% | 9,00% | 7,00% | 5,00% | 4,00% | 4,00% |
| Municípios afetados | 8,75% | 8,75% | 3,00% | 3,00% | 3,00% | 3,00% | 3,00% | 2,00% | 2,00% | 2,00% | 2,00% |
| Fundo especial | 8,75% | 8,75% | 40,00% | 42,00% | 44,00% | 46,00% | 48,00% | 51,00% | 53,00% | 54,00% | 54,00% |
| FPM | 7,00% | 7,00% | 20,00% | 21,00% | 22,00% | 23,00% | 24,00% | 25,50% | 26,50% | 27,00% | 27,00% |
| FPE | 1,75% | 1,75% | 20,00% | 21,00% | 22,00% | 23,00% | 24,00% | 25,50% | 26,50% | 27,00% | 27,00% |

| PARTICIPAÇÃO ESPECIAL | 2010 | 2011 | 2012 | 2013 | 2014 | 2015 | 2016 | 2017 | 2018 | 2019 | 2020 |
|---|---|---|---|---|---|---|---|---|---|---|---|
| Total | 100,00% | 100,00% | 100,00% | 100,00% | 100,00% | 100,00% | 100,00% | 100,00% | 100,00% | 100,00% | 100,00% |
| União | 50,00% | 50,00% | 42,00% | 43,00% | 44,00% | 45,00% | 46,00% | 46,00% | 46,00% | 46,00% | 46,00% |
| Total Confrontantes | 50,00% | 50,00% | 39,00% | 37,00% | 34,00% | 31,00% | 29,00% | 27,00% | 25,00% | 24,00% | 24,00% |
| Estados confrontantes | 40,00% | 40,00% | 34,00% | 32,00% | 29,00% | 26,00% | 24,00% | 22,00% | 20,00% | 20,00% | 20,00% |
| Municípios confrontantes | 10,00% | 10,00% | 5,00% | 5,00% | 5,00% | 5,00% | 5,00% | 5,00% | 5,00% | 4,00% | 4,00% |
| Municípios afetados | 0,00% | 0,00% | 0,00% | 0,00% | 0,00% | 0,00% | 0,00% | 0,00% | 0,00% | 0,00% | 0,00% |
| Fundo especial | 0,00% | 0,00% | 19,00% | 20,00% | 22,00% | 24,00% | 25,00% | 27,00% | 29,00% | 30,00% | 30,00% |
| FPM | 0,00% | 0,00% | 9,50% | 10,00% | 11,00% | 12,00% | 12,50% | 13,50% | 14,50% | 15,00% | 15,00% |
| FPE | 0,00% | 0,00% | 9,50% | 10,00% | 11,00% | 12,00% | 12,50% | 13,50% | 14,50% | 15,00% | 15,00% |

Fonte: senadorvitaldorego.com.br

No que se refere às receitas provenientes dos contratos a serem celebrados no regime de partilha nas áreas do pré-sal e demais áreas consideradas estratégicas (Lei nº 12.351/2010), o Substitutivo do Senado prevê a elevação da alíquota dos royalties para 15%, mas, reitere-se, desconsiderou o acordo firmado pelo presidente Lula (PL nº 8.051/2010). Pela proposta, os recursos serão distribuídos da seguinte forma:

**Regime de partilha — Distribuição dos royalties — PL nº 8.051/2010 e Substitutivo do Senado**

| | PL nº 8.051/2010 (Lula) | Substitutivo do Senado | |
|---|---|---|---|
| | | Em mar | Em terra |
| Municípios produtores/ confrontantes | 6% | 5% | 10% |
| Municípios afetados/ com instalações | 3% | 2% | 5% |
| Estados produtores/ confrontantes | 25% | 22% | 20% |
| Fundo Especial (estados e municípios não produtores) | 44% | 49% | 50% |
| União (Fundo Social) | 22% | 22% | 15% |
| **Total** | **100%** | **100%** | **100%** |

No acordo feito pelo presidente Lula, como visto no Capítulo I, os estados e municípios produtores já tinham aberto mão de parcela significativa das receitas esperadas — ou seja, não ganhariam tanto com o pré-sal, mas jamais perderiam alguma receita que hoje já lhes pertence. O Substitutivo do Senado ignorou completamente o pacto firmado pelo presidente Lula e, a exemplo das emendas Ibsen/Simon, avançou ainda mais sobre os royalties e as participações que os produtores já recebem no pré-sal.

A primeira grande fragilidade do Substitutivo do Senado diz respeito aos números utilizados nas projeções de receitas. Projeta-se uma receita de participações governamentais (royalties + participação especial) no montante de R$ 28,0 bilhões para 2012 e R$ 79,8 bilhões para 2020.

Na defesa de seu Substitutivo, o senador Vital do Rego argumentou que os dados provinham da Empresa de Pesquisa Energética (EPE). Entretanto, não há qualquer documento público da EPE com esses números, até porque a empresa limita-se a projetar a produção de petróleo, e não a arrecadação de participações governamentais.

As projeções foram elaboradas sem critério e sem identificar a fonte para os dados, que estão superestimados. A consequência concreta desse "otimismo" é a suposta ausência de perda de receita por parte dos estados produtores, sustentada pelos defensores da proposta. Mas a perda de receita é certa.

De acordo com Plano de Negócios da Petrobras 2011-14, as participações governamentais em 2020 serão de R$ 59,2 bilhões, o que representa R$ 20,6 bilhões a menos que a proposta do relator. Outro estudo, realizado pelo Ministério de Minas e Energia a pedido da presidenta Dilma Rousseff, aponta que as participações governamentais (royalties e participação especial) podem ser ainda menores que os valores projetados pelo Plano de Negócios da Petrobras: em 2015, os royalties e participação especial somariam R$ 38 bilhões e, em 2020, R$ 56 bilhões.[66]

Definitivamente, não é admissível que o Congresso Nacional aprove uma lei desconsiderando os dados oficiais e sem ter uma ideia aproximada do impacto que ela causará à vida das pessoas.

Os técnicos do governo do estado do Rio de Janeiro realizaram dois estudos sobre os impactos do Substitutivo do Senado ao PLS nº 448/2011 nos estados produtores.

O primeiro estudo, realizado pelo economista Bruno Martins Hermann, da Secretaria Estadual de Desenvolvimento Econômico, utiliza como premissa o Plano de Negócios da Petrobras, em que o preço do barril é estimado em US$ 80,00 e o câmbio em R$ 1,73. A produção é projetada em 2,54 milhões de boed em 2011 e 6,00 milhões de boed em 2020. A partir de 2016, nos campos do pré-sal, explorados sob o regime de partilha, foram

---

[66] Cf. FRANCO, Ilimar. Jornal **O Globo**, Rio de Janeiro, 12 de novembro de 2011. Disponível em: <http://oglobo.globo.com/blogs/ilimar/>. Acesso em 12.11.2011.

consideradas as alíquotas das participações governamentais constantes do PL nº 8.051/2010 (Projeto Lula).

Em comparação com o modelo atual, o impacto financeiro do Substitutivo do Senado para a União e Estados e Municípios produtores e afetados seria o seguinte:

### Projeção das participações governamentais pelo Modelo Atual Lei nº 9.478/97 – R$ milhões

| | 2011 | 2012 | 2013 | 2014 | 2015 | 2016 | 2017 | 2018 | 2019 | 2020 |
|---|---|---|---|---|---|---|---|---|---|---|
| Particip. Governamentais | 24.633 | 26.752 | 29.238 | 32.215 | 35.856 | 38.970 | 42.754 | 47.151 | 52.529 | 59.165 |
| União | 9.941 | 10.796 | 11.799 | 13.001 | 14.470 | 15.844 | 17.557 | 19.421 | 21.707 | 24.535 |
| Estados Confrontantes | 8.220 | 8.927 | 9.757 | 10.750 | 11.965 | 12.832 | 13.821 | 15.156 | 16.779 | 18.772 |
| Rio de Janeiro | 6.768 | 7.293 | 7.889 | 8.580 | 9.393 | 9.959 | 10.590 | 11.400 | 12.360 | 13.510 |
| Espírito Santo | 588 | 643 | 710 | 793 | 896 | 971 | 1.058 | 1.179 | 1.328 | 1.514 |
| São Paulo | 213 | 298 | 419 | 593 | 840 | 1.034 | 1.271 | 1.640 | 2.119 | 2.738 |
| Municípios Confrontantes | 4.393 | 4.771 | 5.215 | 5.746 | 6.395 | 6.816 | 7.277 | 7.959 | 8.785 | 9.795 |
| Municípios c/ Instalação | 1.039 | 1.129 | 1.234 | 1.359 | 1.513 | 1.621 | 1.745 | 1.913 | 2.117 | 2.368 |
| Rio de Janeiro | 3.889 | 4.198 | 4.552 | 4.966 | 5.458 | 5.781 | 6.134 | 6.621 | 7.202 | 7.900 |
| Espírito Santo | 447 | 488 | 536 | 595 | 667 | 716 | 769 | 849 | 947 | 1.067 |
| São Paulo | 345 | 415 | 509 | 639 | 818 | 939 | 1.079 | 1.321 | 1.631 | 2.030 |
| Fundo Especial | 1.039 | 1.129 | 1.234 | 1.359 | 1.513 | 1.857 | 2.354 | 2.703 | 3.141 | 3.694 |

Notas: Utilizadas as premissas do Plano de Negócios da Petrobras: preço do barril = US$80.00; câmbio = R$1,73; produção (2011) = 2,54 milhões de boed; produção (2020) = 6 milhões de boed; nos campos de partilha com produção a partir de 2016 foram consideradas as alíquotas do PL 8.051/2010 (Projeto Lula)

## Projeção das participações governamentais pelo Substitutivo do Senado – R$ milhões

| | 2011 | 2012 | 2013 | 2014 | 2015 | 2016 | 2017 | 2018 | 2019 | 2020 |
|---|---|---|---|---|---|---|---|---|---|---|
| Particip. Governamentais | 24.633 | 26.752 | 29.238 | 32.215 | 35.856 | 38.970 | 42.754 | 47.151 | 52.529 | 59.165 |
| União | 9.941 | 8.398 | 9.330 | 10.446 | 11.813 | 13.211 | 14.749 | 16.351 | 18.320 | 20.760 |
| Estados Confrontantes | 8.220 | 7.290 | 7.664 | 7.944 | 8.285 | 8.519 | 8.805 | 9.219 | 10.232 | 11.478 |
| Rio de Janeiro | 6.768 | 5.998 | 6.217 | 6.320 | 6.439 | 6.504 | 6.589 | 6.729 | 7.318 | 8.026 |
| Espírito Santo | 588 | 517 | 554 | 590 | 634 | 665 | 703 | 755 | 850 | 967 |
| São Paulo | 213 | 242 | 329 | 438 | 584 | 699 | 842 | 1.041 | 1.344 | 1.736 |
| Municípios Confrontantes | 4.393 | 2.886 | 2.872 | 2.853 | 2.830 | 2.663 | 2.478 | 2.295 | 2.061 | 2.315 |
| Municípios c/ Instalação | 1.039 | 387 | 423 | 466 | 519 | 562 | 418 | 463 | 517 | 584 |
| Rio de Janeiro | 3.889 | 2.309 | 2.322 | 2.333 | 2.344 | 2.258 | 2.042 | 1.943 | 1.769 | 1.948 |
| Espírito Santo | 447 | 273 | 274 | 276 | 278 | 266 | 235 | 223 | 213 | 243 |
| São Paulo | 345 | 234 | 261 | 296 | 340 | 354 | 347 | 370 | 399 | 503 |
| Fundo Especial | 1.039 | 7.792 | 8.949 | 10.505 | 12.409 | 14.016 | 16.304 | 18.824 | 21.399 | 24.029 |

## Comparação do modelo atual com o Substitutivo do Senado – Impacto para os entes federados – R$ milhões

| | 2011 | 2012 | 2013 | 2014 | 2015 | 2016 | 2017 | 2018 | 2019 | 2020 |
|---|---|---|---|---|---|---|---|---|---|---|
| Particip. Governamentais | - | - | - | - | - | - | - | - | - | - |
| União | - | (2.398) | (2.470) | (2.554) | (2.657) | (2.633) | (2.808) | (3.070) | (3.387) | (3.775) |
| Estados Confrontantes | - | (1.637) | (2.092) | (2.806) | (3.680) | (4.313) | (5.016) | (5.937) | (6.548) | (7.294) |
| Rio de Janeiro | - | (1.295) | (1.672) | (2.259) | (2.954) | (3.454) | (4.001) | (4.671) | (5.042) | (5.484) |
| Espírito Santo | - | (127) | (156) | (203) | (262) | (306) | (355) | (424) | (479) | (546) |
| São Paulo | - | (56) | (90) | (154) | (257) | (335) | (429) | (599) | (774) | (1.002) |
| Municípios Confrontantes | - | (1.886) | (2.343) | (2.892) | (3.565) | (4.153) | (4.799) | (5.664) | (6.723) | (7.480) |
| Municípios c/ Instalação | - | (742) | (811) | (893) | (994) | (1.060) | (1.327) | (1.451) | (1.601) | (1.784) |
| Rio de Janeiro | - | (1.888) | (2.230) | (2.633) | (3.114) | (3.523) | (4.091) | (4.679) | (5.433) | (5.953) |
| Espírito Santo | - | (214) | (261) | (319) | (389) | (450) | (534) | (626) | (734) | (824) |
| São Paulo | - | (181) | (248) | (343) | (478) | (585) | (732) | (950) | (1.232) | (1.527) |
| Fundo Especial | - | 6.663 | 7.716 | 9.145 | 10.896 | 12.159 | 13.949 | 16.121 | 18.259 | 20.335 |

Além de revelar o abismo existente entre o discurso do relator no que tange aos dados de produção e o Plano de Negócios da Petrobras (R$ 20,6 bi em 2020), esse primeiro estudo demonstra que, em comparação com o modelo atual, o Substitutivo do Senado retiraria, já em 2012, mais de R$ 1,6 bilhões dos Estados produtores e R$ 2,6 bilhões dos municípios produtores e afetados. Por outro lado, as receitas do Fundo Especial, que beneficiarão os Estados e municípios não produtores saltariam de R$ 1,03 bilhão, em 2011, para R$ 7,8 bilhão, em 2012; em 2020, os recursos desse fundo totalizariam R$ 24 bilhões.

Como maior produtor nacional de petróleo, o estado do Rio de Janeiro será o mais prejudicado.

O segundo estudo, realizado pela Secretaria de Fazenda do Estado do Rio de Janeiro, tem como premissa as informações de produção de petróleo fornecidas pela Agencia Nacional de Petróleo (ANP), segregadas por campo de petróleo. A análise da SEFAZ/RJ indica que a aprovação definitiva do Substitutivo do Senado representaria uma perda de receita para o estado do Rio de Janeiro de R$ 1.534 milhões, já em 2012. As perdas somariam R$ 23.893 milhões até 2020, conforme demonstra a tabela a seguir:

**Perda no Estado e nos municípios produtores do Rio de Janeiro**

| Ano | Estado | Municípios | Total |
|---|---|---|---|
| 2012 | (1,534) | (1,797) | (3,331) |
| 2013 | (1,860) | (2,255) | (4,114) |
| 2014 | (2,329) | (2,582) | (4,910) |
| 2015 | (2,752) | (2,852) | (5,604) |
| 2016 | (2,954) | (3,080) | (6,034) |
| **2017** | **(3,633)** | **(3,209)** | **(6,842)** |
| **2018** | **(3,165)** | **(3,241)** | **(6,406)** |
| **2019** | **(2,926)** | **(3,101)** | **(6,027)** |
| **2020** | **(2,741)** | **(2,905)** | **(5,646)** |
| **Total** | **(23,893)** | **(25,021)** | **(48,914)** |

Fonte: ANP. Elaboração: SEFAZ RJ[67]

Tendo como referência o levantamento realizado pela SEFAZ/RJ, o economista José Roberto Afonso[68] calculou, ainda que em caráter preliminar, as perdas de receitas do estado e das prefeituras do Rio de Janeiro caso as participações governamentais na extração de petróleo passem a ser distribuídas conforme o Substitutivo do Senado. E já em 2012, estado e municípios deixarão de receber R$ 3,3 bilhões. Como a perda crescerá ano a ano, no acumulado até 2020, a perda seria de R$ 49 bilhões.

Foi calculado ainda que o Rio de Janeiro deixará de receber de ICMS decorrente do petróleo, por conta da norma excepcional adotada pela Constituição. Em 2012, o Rio deixa de arrecadar R$ 6,8 bilhões. O valor acumulado até 2020 é de cerca de R$ 63,7 bilhões.

[67] Para elaborar a estimativa de perda acima descrita foram utilizadas informações de produção de petróleo fornecidas pela Agencia Nacional de Petróleo (ANP) por força do Convenio de Cooperação ANP/ERJ nº 01/09-ANP-014.165. Os dados de produção são os disponíveis nos Planos Anuais de Produção (PAP) e Planos de Desenvolvimento de Produção (PD) segregados por campo de petróleo. A ANP não dispõe de nenhuma estimativa oficial de campos do pré-sal, com exceção dos poços do campo de Lula, e mesmo assim apenas até o ano de 2015. A partir do ano seguinte, estimou-se o crescimento de produção de forma similar ao ocorrido no campo de Roncador.

[68] O estudo consta da matéria "**Contra perdas de R$125 bilhões**", de autoria da jornalista Vivian Oswald, publicada no jornal **O Globo**, de 10.11.2011, pag. 23.

Entre a receita atualmente arrecadada de royalties e participações que lhe será retirada pelo Substitutivo do Senado, e o ICMS que já não recolhia, o petróleo não renderá aos cofres dos governos do estado do Rio cerca de R$ 112,6 bilhões entre 2012 e 2020.

Além do petróleo, o estado do Rio de Janeiro também perdeu com a aprovação da Lei Complementar nº 62/1989, que trata do FPE. Como visto, em comparação com os critérios fixados pelo Código Tributário Nacional (1966), a Lei de 1989 (julgada inconstitucional pelo STF em 2010) reduziu pela metade o coeficiente de participação do Rio de Janeiro no FPE (a proporção caiu de 3,1353 para o vigente 1,5277, sempre em relação ao total do Brasil). Se estivesse em vigor o coeficiente originalmente previsto no Código Tributário, o Rio receberia R$ 0,9 bilhões a mais de FPE em 2012. Acumulando esse diferencial até 2020, o montante seria de R$ 12,9 bilhões.

Ou seja, entre a renda de petróleo (R$ 112,6 bilhões) e FPE (R$ 12,9 bilhões), que deixarão de entrar nos cofres do Rio de Janeiro cerca de R$ 125 bilhões entre 2012 e 2020.

Esses números são devastadores, especialmente para os Municípios. Dos 92 municípios do estado do Rio de Janeiro, 87 recebem royalties e serão duramente penalizados. A própria manutenção de serviços públicos básicos, como saúde, educação e assistência social, estará comprometida

Curioso notar que o Substitutivo do Senado fixa um teto de receita para os municípios produtores. A soma dos valores referentes aos royalties e participação especial devida aos municípios ficará limitada ao maior dos seguintes valores: a) os valores que o município recebeu a título de royalties e participação especial em 2011; ou b) duas vezes o valor *per capita* distribuído pelo FPM, calculado em nível nacional, multiplicado pela população do município. Os valores que excederem a esse teto serão transferidos ao Fundo Especial correspondente aos municípios.

Durante os debates, os representantes dos estados produtores chegaram a ser chamados de intransigentes porque não aceitavam perder receitas oriundas do petróleo. Alguns diziam que a União havia cedido e que os estados e municípios produtores também deveriam ceder. A alcunha de intransigente é maledicente por várias razões:

a) O Substitutivo do Senado penaliza o polo mais frágil do pacto federativo, a saber, os estados e municípios (no caso concreto, os produtores e afetados pela exploração de petróleo). Ao longo desse trabalho, procurei demonstrar que a União tem concentrado poderes e arrecadação, em detrimento das demais entidades subnacionais. O Substitutivo reforça essa tendência, na medida em que, para atender às expectativas dos estados e municípios não produtores, faz a escolha consciente de não onerar demasiadamente a União ou as empresas de petróleo. A conta será paga pelo povo dos estados e municípios produtores.

A tabela abaixo comprova essa tese. Considerado o conjunto da arrecadação, o impacto para a União será mínimo: 0,21% em 2012 e 0,15% em 2020. O impacto negativo nas finanças dos estados produtores será muito acentuada: 4,06% em 2012 e 8,06% em 2020. No caso dos municípios, o impacto é ainda maior: 9,26% em 2012 e 16,4% em 2020.

| CONCESSÃO | | | | | |
|---|---|---|---|---|---|
| | | A | B | C | |
| **Participação governamental** | **Ano** | **União** | **Estados produtores** | **Municípios produtores** | **B+C** |
| Royalties | 2012 | -0,10% | -2,34% | -6,50% | -3,76% |
| | 2020 | -0,10% | -2,34% | -13,09% | -6,00% |
| PE | 2012 | -0,11% | -1,71% | -2,77% | -2,07% |
| | 2020 | -0,05% | -5,72% | -3,32% | -4,90% |
| SOMA | 2012 | -0,21% | -4,06% | -9,26% | -5,83% |
| | 2020 | -0,15% | -8,06% | -16,40% | -10,90% |

Fontes primárias: ANP, RFB/STN. Ano-base: 2010 — considerada arrecadação efetivamente arrecadada.
Elaboração: Economista José Roberto Afonso.

Considerando a crise fiscal dos estados, como é possível imaginar o corte de receitas da ordem de 4% de um ano para outro, sem prejudicar a saúde financeira desse ente? Como cumprir os compromissos exigidos pela LRF no que tange à responsabilidade fiscal?

A prevalecer a irracionalidade da proposta constante do Substitutivo, muitos gestores municipais e estaduais serão penalizados pela LRF, por não conseguirem cumprir os compromissos fiscais do ente federado. Em outras palavras, o impacto financeiro do Substitutivo é tão intenso que empurrará para a ilegalidade centenas de gestores e entes.

b) Os representantes dos estados produtores jamais deixaram de reconhecer a legitimidade da distribuição imediata dos royalties aos estados não produtores. Como prova de que não era apenas proselitismo, os Senados do Rio de Janeiro e do Espírito Santo apresentaram diversos projetos assegurando recursos imediatos a todos os estados da Federação.

Os senadores Francisco Dornelles, Ricardo Ferraço, Delcídio do Amaral e eu propusemos o PLC nº 574/2011, que determina a correção das tabelas constantes do decreto presidencial que regula as participações especiais, para permitir que a cobrança leve em consideração não só o volume de produção, como ocorre atualmente, mas também a rentabilidade do poço. Toda receita adicional seria destinada aos estados não produtores. A aprovação da proposição resolveria o impasse criado pelas emendas Ibsen/Simon, porque asseguraria, desde já, cerca de R$ 8 bilhões de reais aos estados e municípios não produtores, sem prejudicar a União e os entes produtores. A conta seria paga pelas petroleiras, que, no Brasil, possuem um regime de tributação especialíssimo, considerado um dos mais baixos do mundo.

Em outro projeto de lei, proponho a criação de alíquota mínima de 10% para a exportação de petróleo bruto e derivados de petróleo (PLS nº 597, de 2011). Estima-se que a proposição gere uma receita até R$ 5,7 bilhões por ano, que seria destinada integralmente aos estados e municípios não produtores. As empresas exploradoras de petróleo no Brasil gozam de muitas facilidades tributárias. A tributação da tributação dessas empresas geraria a receita necessária para solucionar a crise federativa, sem prejudicar nenhum ente da Federação.

Ainda como alternativa, outra proposição, apresentada por mim e pelo senador Francisco Dornelles (PLS nº 613, de 2011), resgata o acordo firmado pelo presidente Lula para a distribuição dos royalties derivados da exploração do pré-sal e áreas estratégicas e propõe a destinação da integralidade da participação especial atualmente apropriada à União ao Fundo Especial para assegurar receitas imediatas aos estados e municípios não produtores. Demonstrei, ao longo deste livro, a excessiva concentração de recursos na União. A destinação da cota da União na participação especial asseguraria ao Fundo Especial cerca de R$ 6,5 bilhões já em 2011. O impacto nas receitas da União seria mínimo e certamente seria absorvido pelo aumento frequente da arrecadação e pela apropriação do excedente em óleo (lucro óleo) no regime de partilha.

No PLS nº 634/2011, de minha autoria, essas três últimas proposições são unificadas. Assim, resgato acordo do presidente, crio a alíquota mínima de 10% sobre exportação de petróleo e derivados e destino toda participação especial da União para os estados e municípios não produtores. Essa proposição tem o mérito de respeitar os contratos e de gerar um montante de recursos adicional da ordem de R$ 12,2 bilhões, os quais seriam destinados integralmente ao Fundo Especial para atender aos estados e municípios não produtores. Esse valor representa 40% a mais do que reivindicavam os entes federados não produtores.

Nenhuma das proposições foi verdadeiramente considerada. No fatídico dia 19 de outubro, os representantes do Rio de Janeiro envidaram todos os esforços para que o PLS nº 574/2011, referido anteriormente, fosse a proposição-guia a ser apreciada pelo Senado. O requerimento de preferência para votação, no entanto, foi derrotado pelo Plenário do Senado.

Também foram derrotadas todas as emendas apresentadas por mim e pelos senadores Francisco Dornelles, Marcelo Crivella,

Ricardo Ferraço, Ana Rita e Magno Malta. Uma das emendas rejeitadas, subscrita pelo senador Ricardo Ferraço, com apoio meu e dos senadores Francisco Dornelles e Marcelo Crivella, desmascara completamente o discurso do relator de que "estados e municípios produtores não podem sofrer quedas substanciais de receitas, de forma a comprometer sua saúde financeira".[69] O texto da emenda fixava um "piso" de receitas para os estados e municípios produtores e afetados, que não seria inferior aos valores repassados a título de royalties e participação especial no exercício financeiro de 2011, corrigidos pelo IGP-DI. O objetivo da emenda era claro: assegurar aos estados e aos municípios produtores o ressarcimento pelas perdas decorrentes da mudança legal introduzida pelo Substitutivo.

Ora, o Substitutivo criou um teto para recebimento de receitas de royalties e participação especial pelos municípios, mas os representantes dos estados não produtores se recusaram a assegurar um piso para as perdas dos produtores. A rejeição da Emenda 19 é emblemática exatamente por revelar toda a irracionalidade que perpassou o debate dos royalties no Senado Federal.

O Substitutivo do Senado incorpora a mesma lógica de divisão de recursos presente nas emendas Ibsen/Simon: reduz as participações dos entes produtores e afetados, inclusive da União, e destina o montante aos demais estados e municípios. Como visto no início deste capítulo, o art. 20, § 1º, da Constituição Federal destina-se aos estados e municípios produtores ou afetados pela exploração do petróleo, bem como aos órgãos da administração direta da União, especificamente indicados na legislação. Nas palavras de Luís Roberto Barroso:

> Por qualquer elemento de interpretação que se queira prestigiar, as participações e compensações referidas no art. 20, § 1º, da Constituição dirigem-se aos estados e municípios produtores e

[69] REGO, Vital. **Relatório de Plenário ao PLS nº 448/2001**. Disponível em: <http://www.senado.gov.br/atividade/materia/Consulta.asp?TipoCons=6&orderby=0&Flag=1&RAD_TIP=OUTROS&str_tipo=PLC&txt_num=16&txt_ano=2010>. Acesso em 18.10.2011.

diretamente afetados pela exploração do petróleo, tanto em terra como no mar. Esse regime jurídico, que vem desde o início da exploração do petróleo no país, foi abrigado no texto constitucional. Tais receitas pertencem, de direito, aos estados e municípios envolvidos, e substituem as que lhes caberiam a título de ICMS, dentro da sistemática adotada pela Constituição. O principal propósito do art. 20, § 1º, é compensar os estados e municípios pelos impactos ambientais e socioeconômicos decorrentes de uma atividade de interesse nacional, proporcionando-lhes condições de prevenir riscos e de atender ao aumento da demanda por serviços públicos.[70]

Além de ferir de morte o art. 20, § 1º, da Constituição Federal, o Substitutivo do Senado ao PLS nº 448/2011 viola o princípio da isonomia, o princípio da segurança jurídica e o princípio federativo.

Com Luís Roberto Barroso, podemos afirmar:

O princípio da isonomia ou da igualdade, subjacente às ideias de república, democracia e Estado de Direito, permeia todo o texto constitucional brasileiro.

(...) ao disciplinar a distribuição de royalties e a tributação do petróleo, o constituinte concebeu um sistema equilibrado, apto a preservar os interesses de estados produtores e não produtores. Com base nele, atribuiu compensações financeiras aos estados diretamente afetados pela exploração petrolífera. Não pode o legislador ordinário substituir a fórmula constitucional por outro critério, de caráter socioeconômico. Isso viola não apenas a letra expressa do art. 20, § 1º, como também o princípio da isonomia, ao tratar igualmente a desiguais e ao romper o equilíbrio traçado constitucionalmente.[71]

[70] BARROSO, Luís Roberto. **Federalismo, Isonomia e Segurança Jurídica:** inconstitucionalidade das alterações na distribuição de royalties do petróleo. Parecer. Disponível em: <http://www.iabnacional.org.br/IMG/pdf/doc-3045.pdf>. Acesso em 1.9.2011. p. 20-1.

[71] BARROSO, Luís Roberto. **Federalismo, Isonomia e Segurança Jurídica:** inconstitucionalidade das alterações na distribuição de royalties do petróleo. Parecer. Disponível em: <http://www.iabnacional.org.br/IMG/pdf/doc-3045.pdf>. Acesso em 1.9.2011. p. 20-1.

O argumento de que o critério socioeconômico de repartição dos royalties do petróleo, proposto pelo Substitutivo do Senado, realiza o fim constitucional de *"reduzir as desigualdades sociais e regionais"* (CF, art. 3º, III), também não se aplica. Como diz Barroso, não é qualquer contexto que justifica a utilização de critérios socioeconômicos.

> Em muitas situações, ele não será justo ou legítimo. Por exemplo: o provimento de cargos públicos mediante concurso atende a um critério de *mérito*. O presidente da República, por sua vez, é escolhido por um critério *eleitoral*. Em nenhuma das hipóteses seria razoável valer-se do critério da *necessidade* do postulante. Além disso, essa argumentação importaria a utilização de um critério de participação antagônico ao que foi determinado pela norma constitucional que trata especificamente do caso, contida no art. 20, § 1º.[72]

Quero reiterar que, no Substitutivo do Senado, os royalties e participações especiais serão divididos entre estados e o Distrito Federal de acordo com os critérios de repartição do FPE e do FPM. Como visto, o STF identificou um divórcio entre os percentuais legais e a situação real dos estados, razão pela qual a LC nº 62/89 tornou-se incapaz de promover "o equilíbrio socioeconômico entre estados", podendo até contribuir para o aumento de desigualdades. Com base nesse entendimento, como visto, o STF declarou inconstitucional a mencionada lei. Assim, ao adotar o FPE como parâmetro da distribuição dos royalties, ao invés de reduzir, o Substitutivo pode ampliar as desigualdades sociais entre estados e regiões brasileiras. Ao utilizar os coeficientes de rateio do FPE, o Substitutivo do Senado atenta mais uma vez contra a Constituição, pela utilização de critério defasado e impróprio, igualmente violador da igualdade entre os estados.

[72] BARROSO, Luís Roberto. **Federalismo, Isonomia e Segurança Jurídica:** inconstitucionalidade das alterações na distribuição de royalties do petróleo. Parecer. Disponível em: <http://www.iabnacional.org.br/IMG/pdf/doc-3045.pdf>. Acesso em 1.9.2011. p. 20-1.

Como o Senado da República pode usar como parâmetro de distribuição critérios fulminados pela Suprema Corte do país como inconstitucionais?

Outro princípio violado é o da segurança jurídica. Isso porque o Substitutivo modifica a distribuição dos royalties e participação especial para o regime de concessão, nos quais os contratos já foram firmados e os atos estão juridicamente perfeitos. Como diz Barroso, a segurança jurídica é um dos fundamentos do Estado e do direito. Ela garante "paz de espírito" e "paz social", propiciando a "previsibilidade das condutas, estabilidade das relações jurídicas e garantia do cumprimento das normas".[73]

> Para Barroso,
>
> O que se afigura totalmente fora de propósito, à luz do princípio da segurança jurídica, é que a nova disciplina venha a colher os direitos que o estado do Rio de Janeiro já desfruta em relação aos contratos de concessão em curso. A supressão do direito a royalties e participações especiais acarretaria grave frustração de expectativa legítima em relação a receitas que aufere há muitos anos. Sua interrupção súbita, sem que se tenha sequer cogitado de uma transição razoável, traz consequências dramáticas. Do ponto de vista econômico, o resultado seria a impossibilidade de cumprir obrigações assumidas, tanto de custeio como de investimentos. A insolvência seria inevitável. Do ponto de vista jurídico, as consequências serão tão ou mais graves, envolvendo a impossibilidade de cumprimento das normas constitucionais orçamentárias (art. 165, §§ 1º, 2º, 4º e 5º), de normas de direito financeiro (Lei nº 4.320/64), da Lei de Responsabilidade Fiscal (LC nº 101/2000) e da Lei nº 9.496/97, que dispõe sobre o Programa de Apoio à Reestruturação e ao Ajuste Fiscal dos Estados.[74]

---

[73] BARROSO, Luís Roberto. **Federalismo, Isonomia e Segurança Jurídica:** inconstitucionalidade das alterações na distribuição de royalties do petróleo. Parecer. Disponível em: <http://www.iabnacional.org.br/IMG/pdf/doc-3045.pdf>. Acesso em 1.9.2011. p. 20-1.

[74] BARROSO, Luís Roberto. **Federalismo, Isonomia e Segurança Jurídica:** inconstitucionalidade das alterações na distribuição de royalties do petróleo.

Em outras palavras, como já dito, a prevalecer o Substitutivo do Senado, o orçamento dos estados e municípios produtores estarão gravemente comprometidos. Nesse contexto, as normas orçamentárias, as normas de responsabilidade fiscal e o próprio pagamento da dívida dos estados para com a União estarão gravemente comprometidos.

O Substitutivo do Senado repercute também, e de forma intensa, sobre o princípio federativo. Ora, os royalties representam uma forma de compensação devida aos entes federativos produtores, seja pelos ônus e riscos especiais associados à exploração do petróleo no território desses entes ou no mar a eles adjacente, seja pela severa perda na arrecadação do ICMS, decorrente da regra especial contida no art. 155, § 2º, X, *b*, da Constituição. Tendo essa questão como referência, ensina Barroso:

> Em razão dessas duas circunstâncias, suprimir a compensação que sempre lhes foi reconhecida provocaria prejuízo direto aos estados produtores, instituindo uma discriminação inaceitável no âmbito da Federação. Na prática, os depósitos de petróleo se converteriam em uma lástima para os respectivos estados, produzindo aumento da despesa com infraestrutura e serviços, bem como privando esses entes de uma das principais hipóteses de arrecadação do ICMS, de longe o mais importante dos impostos estaduais. Admitir que a União possa produzir tais resultados, por deliberada escolha política, equivale a chancelar uma verdadeira agressão do ente central, esvaziando o pacto federativo.
>
> Em segundo lugar, a medida comprometeria gravemente a autonomia financeira dos estados produtores, que ficaria subordinada a uma decisão política da União. Como é natural, tais estados organizam suas finanças levando em conta a receita dos royalties. Para tanto, basearam-se no entendimento que sempre prevaleceu no direito brasileiro, confirmado pela interpretação, até aqui pacífica, dada ao art. 20, § 1º, da Constituição de 1988. Não se pode admitir que o sentido desse dispositivo — essencial à autonomia

---

Parecer. Disponível em: <http://www.iabnacional.org.br/IMG/pdf/doc-3045.pdf>. Acesso em 1.9.2011. p. 20-1.

material dos estados produtores — fique ao inteiro arbítrio da União Federal, que poderia se valer de sua competência legislativa para manipular receitas originárias dos estados segundo critérios de conveniência política. Isso seria incompatível com a premissa mais básica do estado federal, pela qual os contornos da autonomia de cada ente devem ser definidos diretamente pela Constituição Federal, e não pela unidade política mais abrangente.[75]

O Rio de Janeiro vive uma circunstância peculiar, que também deve ser considerada no debate. Trata-se de adesão ao *Programa de Apoio à Reestruturação e ao Ajuste Fiscal dos Estados*, por meio do qual ocorreu o refinanciamento da dívida do estado junto à União, cabendo ao estado a obrigação de pagar à União cerca de R$ 1,5 bilhão. O estado ajustou com a União uma obrigação de pagamento de sua dívida atrelada ao recebimento de royalties. Se os royalties não forem pagos ao estado, ele se tornará inadimplente junto à União. A União, por sua vez, diante da inadimplência, poderá interromper as transferências constitucionais de rendas para o estado do Rio de Janeiro, bem como se apropriar da arrecadação de tributos estaduais. Diante desse contexto, Barroso questiona:

> Como se poderia admitir que uma lei da própria União suprimisse a receita que, nos termos do contrato firmado por ela com o estado, está vinculada ao pagamento da dívida assumida?
>
> Reitere-se, para que não haja margem a dúvida: em relação ao estado do Rio de Janeiro, existe um contrato — ato jurídico perfeito — vinculando os royalties ao pagamento da dívida com a União. É fora de dúvida que não pode a União, valendo-se de sua competência legislativa, tornar impossível o cumprimento da obrigação, pela supressão da receita estadual que lhe faria face."[76]

[75] BARROSO, Luís Roberto. **Federalismo, Isonomia e Segurança Jurídica:** inconstitucionalidade das alterações na distribuição de royalties do petróleo. Parecer. Disponível em: <http://www.iabnacional.org.br/IMG/pdf/doc-3045.pdf>. Acesso em 1.9.2011. p. 20-1.

[76] BARROSO, Luís Roberto. **Federalismo, Isonomia e Segurança Jurídica:** inconstitucionalidade das alterações na distribuição de royalties do petróleo.

Todas as questões constitucionais foram simplesmente desconsideradas pelo Senado Federal na apreciação do PLS nº 448/2011. O Substitutivo aprovado ainda será debatido pela Câmara dos Deputados e, caso ratificado, submetido à sanção da presidenta Dilma. Na atual redação, o Substitutivo é inconstitucional e extremamente prejudicial aos estados e municípios produtores, sobretudo ao Rio de Janeiro. Apesar dos esforços dos representantes desses estados, prevaleceu a irracionalidade no debate dos royalties.

É frequente evocar-se a razão em causa própria. Desde os pensadores gregos do século V antes de Cristo, nenhuma disputa poderia ou deveria ser vencida, legitimamente, sem que a prevalência do argumento vencedor correspondesse ao triunfo da razão. Durante quase toda a Idade Média, esse princípio foi substituído pela fé. Uma via alternativa, por vezes clandestina e perseguida, emergiu com força e brilho no Renascimento, e consagrou-se no período que se convencionou chamar "iluminismo" ou "ilustração". O predomínio clássico da razão foi restaurado e atualizado, casando-se com o progresso acelerado da ciência e da técnica, alimentado pelo desenvolvimento socioeconômico e político. A sociedade e o pensamento transformaram-se, profundamente.

Mais uma vez, os argumentos passam a valer por sua racionalidade, o que implica capacidade de descrever a realidade empírica e de persuadir os interlocutores sem jogos retóricos. Dogmas e manobras manipulatórias não são recursos legítimos de convencimento argumentativo nos diálogos regidos pela racionalidade. Esses diálogos devem ser entendidos como aqueles que se orientam para a busca de um consenso sustentável, universalizável, apto a resistir ao teste de opiniões divergentes e de ideias inspiradas por interesses particulares.

Sendo assim, é preciso cuidado ao evocar a razão e a racionalidade. Todos podem fazê-lo a favor de suas posições, buscando conferir-lhes legitimidade. Quando insisto, neste livro, ao longo de

---

Parecer. Disponível em: <http://www.iabnacional.org.br/IMG/pdf/doc-3045.pdf>. Acesso em 1.9.2011. p. 20-1.

vários capítulos, na racionalidade do argumento que sustento, tenho em mente o compromisso de meu argumento sobre royalties e pacto federativo com princípios universalizáveis, ou seja, princípios que qualquer cidadão brasileiro interessado no tema reconheceria e aprovaria, caso se dispusesse a situar-se exclusivamente como cidadão brasileiro, a quem por definição interessa, em primeiro lugar, a sociedade brasileira em seu conjunto (seu desenvolvimento justo, democrático e sustentável). Isso importa que esse cidadão não se colocaria, ao avaliar o dilema em causa, como o morador do estado tal ou qual, ou como originário da região X ou Y, ou como o defensor de interesses provincianos, locais, bairristas ou regionais.

Estou convicto da justeza e da racionalidade de minhas posições acerca do pacto federativo e da distribuição dos royalties, porque elas seriam as mesmas de todos os que adotassem o ponto de vista universalista em que procurei situar-me. Elas decorrem da assunção desse ponto de vista. Esse ponto de vista é o da equidade.

Neste sentido, é necessária, mais uma vez, muita cautela. Não se pode confundir equidade com divisão igualitária de recursos por indivíduos ou número de habitantes. Um cálculo assim simplista reforçaria as imensas desigualdades brasileiras, entre classes sociais e entre regiões. Portanto, verdadeiramente equânime é a distribuição que se faz levando em conta a imprescindibilidade de reduzir as desigualdades existentes e de gerar novos dinamismos tendentes a manter e acentuar o movimento rumo à redução dessas iniquidades.

O grande desafio é encontrar o ponto ótimo em que se equilibrem, por um lado, redistribuição solidária, na contramão das desigualdades, e, por outro, estímulo ao desenvolvimento, respeito à autonomia dos entes federados e preservação de seus direitos.

Em resumo: não é racional matar a galinha dos ovos de ouro e, em nome da justiça redistributiva, provocar novas injustiças, prejudicando estados supostamente privilegiados. Tampouco é racional implementar a redistribuição de recursos sem criar as bases para que se implemente um ciclo econômico — local e regional — virtuoso, gerador de riquezas e independente de tutela clientelista. Caso não se compreenda em profundidade este aspecto de nosso dilema, perpetuaremos um sistema que, na ausência de uma economia regional viva e independente, privilegia elites locais, cuja representatividade deriva do controle das máquinas político-administrativas.

Rever o pacto federativo e negociar a questão dos royalties em conjunto com outros temas ligados às finanças estaduais (ICMS, reforma tributária, dívida dos estados) não são palavras de ordem de um senador obcecado pela defesa dos interesses do Rio de Janeiro. São as palavras de ordem de qualquer brasileiro que examine com vagar todos os dados reunidos no presente livro (além de outros que possa coletar) e que ponha em primeiro lugar os interesses nacionais, os interesses da democracia brasileira.

# Considerações finais

## Royalties e os desafios para o Rio de Janeiro

O petróleo foi a grande matriz energética das economias industriais do século XX. Por ser escasso e não renovável, como outros combustíveis fósseis, o petróleo tornou-se o "ouro negro", a moeda por excelência do poder. Os impérios se empenharam em expandir o mapa de sua soberania com base na geografia do petróleo.

Hoje, no começo da segunda década do século XXI, posso afirmar, com toda a convicção, que o modo pelo qual as nações organizarem a exploração do petróleo definirá seu futuro, assim como as condições em que esse futuro será compartilhado pelo conjunto das nações.

No clássico *Ensaios sobre a Venezuela*, Celso Furtado formulou o seguinte prognóstico, que nos serve de orientação e alerta:

> Poucas vezes um desafio tão sem ambiguidades se apresentou a um grupo de dirigentes, ampliando ab-ruptamente o campo do possível [...]. Nos próximos dois decênios, a Venezuela poderá ter saltado a barreira que separa subdesenvolvimento de desenvolvimento, sendo quiçá o primeiro país da América Latina a realizar essa façanha, ou terá perdido a sua chance histórica. Pelo menos sobre um ponto básico existe consenso: a inação ou a omissão do Estado não constitui uma opção.[77]

---

[77] FURTADO, Celso. **Ensaios sobre a Venezuela:** subdesenvolvimento com abundância de divisas. Rio de Janeiro: Contraponto, 2008.

Aloizio Mercadante comentou a avaliação do mestre Celso Furtado:

> Celso Furtado escreveu essa passagem em 1974, quando o grande aumento do preço internacional do petróleo criou condições objetivas para que a Venezuela e outras economias exportadoras do petróleo pudessem dar um salto de qualidade em seu desenvolvimento. Com efeito, o embargo da Opep havia feito saltar o preço do barril de petróleo de US$ 2,5 (1972) para US$ 12.00 (1974), quase quintuplicando praticamente da noite para o dia as rendas dos países exportadores do "ouro negro". Esse "choque do petróleo" teve consequências econômicas e geopolíticas dramáticas e provocou uma massiva transferência de recursos para as nações produtoras de hidrocarbonetos. Na época, muitos economistas, como Furtado, consideravam que tais nações poderiam ascender, em pouco tempo, à condição de países plenamente desenvolvidos.
>
> Contudo, passados mais de três decênios, é lamentável constatar que essa oportunidade histórica foi perdida por muitas dessas nações, que ficaram presas à "doença holandesa" e à dependência do petróleo. Escolhas erradas ou a omissão do Estado levaram-nas a desperdiçar o que Furtado classificou como a "ampliação abrupta do campo do possível".[78]

As descobertas de petróleo na camada pré-sal representam uma grande conquista do povo brasileiro. A alteração no marco regulatório do petróleo, porém, mergulhou o Brasil em uma indesejada guerra federativa. Estados não produtores têm o legítimo direito de pleitear maior participação nessa riqueza. Mas a conta não pode ser paga pelos estados produtores.

Nesse mesmo momento em que somos desafiados por uma problemática tão decisiva quanto as condições de sustentabilidade de nosso desenvolvimento, o Brasil está se credenciando, graças ao pré-sal, a assumir o protagonismo global no que parece ser o último

[78] MERCADANTE, Aloizio. **Os Campos do Possível:** A Oportunidade Histórica do Pré-Sal. Disponível em: <http://interessenacional.uol.com.br/artigos-integra.asp?cd_artigo=29>. Acesso em 1.10.2011.

capítulo da saga do petróleo. Os especialistas preveem o esgotamento desse combustível fóssil em 50 anos, aproximadamente.

Isso significa que temos a extraordinária oportunidade de aplicar com inteligência essa riqueza, o que quer dizer empregá-la para nos preparar, científica e tecnologicamente, para enfrentar os desafios que estão postos para a humanidade na conjuntura atual. Ou seja, aplicar com inteligência essa riqueza potencial significa usá-la para nos antecipar aos países centrais no processo de transformação da matriz energética, criando uma matriz limpa para uma economia sustentável.

Entretanto, a ciência e a tecnologia não evoluirão na escala necessária se nosso país não realizar uma verdadeira revolução na educação, o que, por sua vez, não se fará sem políticas de inclusão e medidas de proteção integral às famílias vulneráveis. Essas políticas, por sua vez, dependerão cada vez mais de nossa capacidade de renegociar o pacto federativo a partir de princípios efetivamente democráticos e racionais, porque aquilo que verdadeiramente atende ao interesse nacional não é determinada forma de distribuição de recursos, mas a implantação normativa e prática de uma estrutura federativa equilibrada, apta a fornecer a plataforma de qualificação do desenvolvimento brasileiro, sustentável e justo, criativo, inteligente e redutor de desigualdades. O cabo de guerra entre oligarquias locais clientelistas não corresponde ao retrato de um equilíbrio efetivamente equânime.

Os estados e municípios produtores de petróleo não podem ser imolados pela irracionalidade política, animada pelo imediatismo das maiorias circunstanciais. Minorias não devem ser esmagadas por dinâmicas políticas cuja fonte é um pacto federativo desequilibrado. Hoje, o petróleo é a bola da vez. Hoje, Rio de Janeiro e Espírito Santo são empurrados para o patíbulo. Amanhã, serão outras fontes de energia e riqueza. Serão outras as minorias. Condenar as minorias à liquidação política, à erosão econômica, à crise social não pode ser o caminho para a construção de uma República democrática. A qualidade de vida das minorias e seu vigor político deveriam corresponder ao interesse da maioria, uma vez que são de interesse nacional.

Sustentar teses é tarefa árdua, sobretudo quando maiorias ocasionais não levam em conta a força dos argumentos, mas preferem o caminho do argumento de força, expressa, no caso, em maioria parlamentar. Ao longo destas páginas, procurei demonstrar algumas teses bastante simples, as quais, se consideradas, poderiam dar novo rumo à discussão dos royalties no Brasil. São elas:

(1) Os royalties e as participações especiais são devidos aos estados e municípios produtores como dupla compensação: por um lado, compensação pelos custos econômicos, sociais e ambientais gerados pela atividade de exploração do petróleo; por outro, compensação pela previsão excepcional de que o ICMS, no caso do petróleo e dos derivados, deve ser cobrado no estado de destino e não no estado de origem, como acontece com todos as demais mercadorias e os serviços.

(2) A mudança no marco regulatório do petróleo, em 2010, com a introdução do regime de partilha de produção, ao lado do regime de concessões, não pode ser utilizada como pretexto para retirar dos estados produtores receitas originárias asseguradas pela Constituição Federal e reconhecidas pelo Supremo Tribunal Federal.

(3) A expectativa legítima dos estados e dos municípios não produtores de percepção imediata de recursos do petróleo não pode ser satisfeita à custa dos estados produtores.

(4) A União concentrou poderes e recursos, em detrimento de estados e municípios. Vivemos um nítido desequilíbrio federativo, com estados e municípios cada vez mais tensionados pela força do poder público central.

(5) À concentração vertical de poderes na União, somam-se desmedidas disparidades regionais. Em decorrência de traços clientelistas presentes em toda nossa história política, Estados e regiões menos desenvolvidos e menos populosos foram dominados por elites locais, as quais lograram êxito

em ocupar um espaço político desproporcional no Poder Legislativo Federal. Desse modo, conseguiram produzir uma institucionalidade que retroalimenta sua dominação, especialmente por meio da pressão sobre a União para repasses de recursos financeiros.

(6) O Fundo de Participação dos Estados (FPE), declarado inconstitucional pelo STF, é um mecanismo que aprofunda as distorções entre os estados. As alíquotas desse fundo foram fixadas em 1989, sem qualquer critério técnico, como produto de um acordo político. Por isso, o FPE acaba beneficiando os estados cujas elites eram politicamente fortes à época em que as alíquotas foram criadas. Por ter sido declarado inconstitucional o FPE, seus coeficientes de rateio não podem servir de parâmetro para a distribuição de recursos federais.

(7) Estados produtores e não produtores não devem digladiar-se enquanto a União concentra poderes. Em 2010, por exemplo, 57% das receitas arrecadadas ficaram com a União, 25% com os estados e 18% com os municípios. A Petrobras, que pertence à União, tem visto seus lucros crescerem acentuadamente, saltando de R$ 13,5 bilhões, em 2002, para R$ 35,2 bilhões, em 2010. No mesmo período, a carga tributária da empresa caiu de 2,95% para 2,3% do PIB.

(8) O estado do Rio, em particular, já é penalizado por não recolher ICMS do petróleo, que é cobrado nos estados destinatários. Em 2012, deixaríamos de receber R$ 6,8 bilhões. Além disso, o estado do Rio de Janeiro é um dos que menos recebem recursos do FPE: a cota do Rio é de 1,53%, bem abaixo de Minas Gerais (4,4%), Pernambuco (6,9%) e Bahia (9,3%).

(9) O Substitutivo do Senado ao PLS nº 448/2010, que trata da distribuição dos royalties, é inconstitucional e lesivo aos estados produtores. Inconstitucional porque viola direta e frontalmente o art. 20, § 1º, da Constituição, e fere os princípios federativos da igualdade e da segurança jurídica. Lesivo porque retira, já em 2012, R$ 3,2 bilhões dos estados e municípios produtores.

Penso que o debate sobre a distribuição deveria observar um pressuposto básico: o de não modificar as regras que já foram aplicadas à exploração dos campos já licitados sob o regime de concessão, incluídos aqueles situados tanto no pós quanto no pré-sal. No que foi contratado não se mexe. Por duas razões: respeito a contratos já firmados, princípio elementar que garante a estabilidade jurídica; cuidado com as consequências imediatas e devastadoras para as finanças públicas dos estados produtores que uma reviravolta provocaria.

A avaliação de matérias de alta complexidade e elevada densidade histórica, que envolvem consequências coletivas drásticas e evocam dilemas relativos a critérios fundamentais de justiça, exige um exercício de tolerância, reflexão e a atenção a todos os efeitos que serão provocados. Há uma questão-chave: quando a injustiça é cometida na inauguração de uma dinâmica social e econômica, ela pode ser grave, assim como suas consequências; entretanto, quando uma injustiça é perpetrada alterando-se o rumo de uma dinâmica em curso, ela pode ser muito mais grave, assim como seus efeitos. Não estamos no tempo zero de uma nova ordem a ser fundada por um pacto nacional, politicamente articulado. Estamos no meio do caminho, em plena travessia, ante uma realidade complexíssima de compromissos contraídos, expectativas consolidadas, responsabilidades e custos assumidos.

Mais grave que isso: o Rio de Janeiro está iniciando um processo de retomada de desenvolvimento, depois de um longo período de paralisações e problemas.

O esvaziamento da cidade e do estado do Rio de Janeiro coincidiu com a transferência da capital para Brasília. Entretanto, esse processo somente ficou nítido no final dos anos 1970, quando se percebe, para usar os termos do professor Carlos Lessa, que o Rio de Janeiro não tinha assinado "um pacto eterno com a prosperidade". Entre 1970 e 1975, enquanto o Brasil cresceu, em média, 10,1%, o Rio cresceu 7,8%. No período posterior, entre 1975 e 1980, o Brasil cresceu 7,2% e o Rio, cada vez menos dinâmico, 5,3%. E, entre 1980 e 1990, o estado do Rio de Janeiro teve crescimento negativo — nessa fase, o Brasil cresceu 2,4%.

Segundo dados do Ministério do Trabalho e Emprego, entre 1985 e 2004, o estado do Rio de Janeiro perdeu cerca de 37% dos empregos com carteira assinada na indústria, enquanto, em nível nacional, ocorreu um crescimento de aproximadamente 13%. No setor de serviços, no mesmo período, o Rio obteve um crescimento de 29% dos seus empregos formais, ao passo que o Brasil conseguiu crescer mais de 65%.

A arrecadação de ICMS no Rio de Janeiro durante os últimos anos reflete a fragilização econômica do estado. Entre 1995 e 2006, o crescimento real desse imposto, no Rio de Janeiro, foi de 7,2%; no Brasil, foi de 32,4%; em São Paulo, de 19,8%; em Minas Gerais, de 37,6%.

O esvaziamento econômico contribui para a degradação do tecido social e o enfraquecimento do estado. As políticas públicas nas áreas de Saúde e Educação não conseguiam dar respostas à demanda da população. A urbanização desordenada criou uma das regiões metropolitanas mais povoadas e complexas do mundo, na qual vivem cerca de 12 milhões de pessoas, na sua imensa maioria pertencentes às chamadas classes C, D e E. As problemáticas do saneamento básico e da mobilidade urbana estão longe de ser resolvidas.

O Rio está envolto em uma contradição permanente: ser — e ela indiscutivelmente é — a Cidade Maravilhosa, cartão-postal do Brasil, e possuir bolsões de pobreza semelhantes aos que se encontram nos estados menos desenvolvidos e menos populosos.

O principal problema enfrentado pelo Rio de Janeiro tem como causas a crise econômica, o agravamento dos problemas sociais e o enfraquecimento do Estado, enquanto instituição dotada de poder legítimo para uso legal da força sobre seu território. Em outras palavras, perdeu a capacidade de exercer a autoridade como agência detentora do monopólio do uso legítimo da força sobre o conjunto do seu território. Nas últimas décadas, ocorreu a crescente subordinação de amplos setores da população das áreas mais pobres da cidade a grupos criminosos fortemente armados que passaram a controlar o território para, a partir daí, desenvolver um conjunto de atividades econômicas ilegais, caracterizadas por elevada taxa de lucro. Nesses amplos territórios, portanto, o estado perdeu a capacidade de regular as relações de propriedade; afastar da vida social e/ou responsabilizar civil e criminalmente os que não respeitam as leis; garantir a segurança dos cidadãos; controlar a oferta dos serviços públicos e o funcionamento dos equipamentos urbanos; e, de forma especial. Além disso, o Estado tornou-se incapaz de garantir aos cidadãos o direito de livre circulação entre os diversos territórios da cidade.

A privatização perversa e ilegal do território e seu controle por grupos criminosos armados engendraram uma sensação de insegurança generalizada, que tomou conta dos moradores do Rio de Janeiro e dos demais brasileiros.

Nosso grande desafio é, sem dúvida, retomar o controle dos territórios e assegurar que as instituições e políticas públicas do Estado democrático de Direito cheguem às comunidades. O governador Sérgio Cabral implantou as Unidades de Polícia Pacificadora (UPPs), que estão ganhando corpo, de modo a mudar a face violenta do Rio de Janeiro. Resta fortalecer economicamente o estado para que as UPPs possam alcançar a escala e a densidade de uma política pública, abraçada por polícias transformadas e valorizadas.

O Estado e a Cidade Maravilhosa, que outrora se deterioravam e tinham futuros incertos, começam a encontrar seu caminho. Importante destacar que o início da recuperação da economia brasileira, a partir de 2004, refletiu positivamente na economia fluminense. As políticas de valorização real do salário-mínimo, de ampliação do crédito e de transferência de renda (Bolsa Família), implantadas pelo Governo Lula, criaram as bases para a emergência de um mercado interno de massas, estimulando a geração de empregos, o aumento do investimento e o surgimento do PAC.

As novas condições da economia brasileira, associadas ao trabalho conjunto do governo do estado do Rio de Janeiro e do Governo Federal, levado a cabo a partir de 2007, ampliaram os investimentos públicos, criaram um clima para investimentos privados e deram início à recuperação da capacidade do estado do Rio de Janeiro de implantar políticas públicas consistentes.

Como afirma o governador Sérgio Cabral, no prefácio deste livro, depois de décadas de esvaziamento o Rio de Janeiro retomou o rumo do desenvolvimento econômico e saiu do isolamento político em que se encontrava. "Nossa população recuperou a autoestima perdida e voltou a acreditar em uma cidade, em um estado que continua sendo a síntese do Brasil."

O Rio está vivendo um novo tempo. Além de mostrar que a paz é possível e de colocar as finanças públicas em dia, bilhões de dólares estão sendo injetados na economia, em investimentos públicos e privados. Segundo a mais recente *Global Metro Monitor* (publicação conjunta da London School of Economics e da Brookings Institution), o Rio de Janeiro é uma das dez cidades mais dinâmicas do planeta.[79] Esse novo ambiente se refletiu no crescimento do ICMS e do emprego. Entre 2007 e 2009, a arrecadação do ICMS, no Rio, cresceu 10%, enquanto a média nacional foi de 9,7%. Segundo dados do Ministério do Trabalho e Emprego, em 2011 o Rio se tornou o estado com a maior taxa de empregabilidade do Brasil.

Essa conjuntura criou as condições para que o Brasil e o Rio de Janeiro conquistassem uma agenda extraordinária de grandes eventos internacionais, como a Conferência Ambiental Rio +20 (2012); a Jornada Mundial da Juventude (2013); a Copa do Mundo de Futebol (2014); e os Jogos Olímpicos de 2016. Esses eventos não significam apenas mais promoção internacional para o Rio ou um aumento sazonal do emprego na área de turismo. Mais que isso, constituem a janela de oportunidade para o estado e a cidade do Rio de Janeiro construírem, para o nosso povo, um legado verdadeiro de infraestrutura, segurança pública e mobilidade urbana.

O Substitutivo do Senado retira R$ 1,53 bilhão do estado do Rio de Janeiro e R$ 1,79 bilhão dos municípios, já em 2012, de royalties e participação especial. Somados Estado e Municípios, a perda em 2020 chega a R$ 48,3 bilhões.

Quebrar o Rio de Janeiro, agora — exatamente quando ele começa a se recuperar e precisa de mais e maiores investimentos —, tirando

[79] URANI, André; GIAMBIAGI, Fabio. **Rio: a hora da virada.** Rio de Janeiro: Elsevier, 2011. p.3.

dele os royalties e as participações especiais, seria não só inconstitucional, como também injusto. Todos perderiam, sobretudo o Brasil.

O Rio de Janeiro expressa toda a riqueza multicultural de nosso país. Como diz o Professor Carlos Lessa, "o Rio de Janeiro é cosmopolita e inteiramente aberto a contatos e influências estrangeiras. É um 'centro canibal', que pratica o exercício saudável da antropofagia, sem arrogância e com criatividade". Assim como o Cristo Redentor, os cariocas e fluminenses estão sempre de braços abertos para acolher o irmão brasileiro de outro estado. Aqui, a diversidade de gênero, étnica, social e cultural cria uma síntese daquilo que é o Brasil. Impor ônus excessivo ao Rio, retirando-lhe uma importante fonte de renda, seria uma covardia.

Concluo dizendo que estados produtores e não produtores não podem se lançar em uma guerra federativa, que não interessa a ninguém. Nosso caminho deveria ser o do consenso e o do diálogo, o que não aconteceu no Senado Federal, quando da votação do Substitutivo. Os estados produtores não podem ser massacrados por uma maioria parlamentar de ocasião, em nome de um distributivismo que pouco impacto positivo acarretaria nas demais unidades da Federação. O que está em jogo é o futuro dos nossos filhos, de nossa Federação, de nosso país. Acredito que ainda haja tempo para produzir uma solução que, ao invés de enfraquecer, reforce o pacto federativo brasileiro.

# Bibliografia

ABRUCIO, Fernando Luiz. **Os barões da Federação: os governadores e a redemocratização brasileira.** São Paulo: Hucitec, 2002.

AFONSO, José Roberto. **Lei de Responsabilidade Fiscal**: Históricos e Desafios. *Entrevista*. Projetos FGV, 2010. Disponível em: <http://www.fgv.br/fgvprojetos/novoprojetos/arq_site/966.pdf>. Acesso em 10/10/2011.

________; ALMEIDA, Vivian. **Tributação do petróleo e federalismo brasileiro:** a histórica oscilação na divisão da receita. Rio de Janeiro, setembro de 2011. Disponível em: <http://www.joserobertoafonso.com.br/attachments/article/2124/110930-oleo-tributoxFederacao.pdf>. Acesso em: 30/10/2011.

________; CASTRO, Kleber. **Carga Tributária sobre Petróleo no Brasil:** evidências e opções. Rio de Janeiro, outubro de 2011. Disponível em: <http://iepecdg.com.br/uploads/artigos/111101_tributacao_petroleo_v6.pdf . Acesso em 07/11/2011>.

________. **Carga tributária global no Brasil em 2010**. Disponível em: http://www.joserobertoafonso.com.br/attachments/article/2101/1109-CargaTributaria2010.pdf. Acesso em 10/10/2011.

ALMEIDA, Maria Hermínia Tavares de. Recentralizando a Federação? *Revista de Sociologia Política*, Curitiba, nº 24, p. 29. jun. 2005.

BARROSO, Luís Roberto. **Federalismo, isonomia e segurança jurídica:** inconstitucionalidade das alterações na distribuição de royalties do petróleo. Parecer. Disponível em: <http://www.luisrobertobarroso.com.br/wp-content/themes/LRB/pdf/royalties_do_petroleo.pdf>. Acesso em 1/9/2011. p. 9.

BORJA, Célio. Parecer. Rio de Janeiro, 2011. Mimeo.

CAMARGO, Aspásia (Coord.). **Artes da política:** diálogo com Amaral Peixoto. Rio de Janeiro: Nova Fronteira; Ed. da FGV/CPDOC; UFF, 1986.

CANO, Wilson. **Desequilíbrios regionais e concentração industrial no Brasil:** 1930-1970/1970-1995. Campinas, SP: UNICAMP, 1998 (30 Anos de Economia – UNICAMP, 2).

CARVALHO, José Murilo. **Mandonismo, Coronelismo, Clientelismo:** Uma Discussão Conceitual. Rio de Janeiro, Dados, vol. 40, nº 2, 1997. Disponível em: <http://dx.doi.org/10.1590/S0011-52581997000200003>. Acesso em 1/10/2011.

________. **Os bestializados:** o Rio de Janeiro e a República que não foi. São Paulo: Companhia das Letras, 1987.

FURTADO, Celso. **Ensaios sobre a Venezuela**: subdesenvolvimento com abundância de divisas. Rio de Janeiro: Contraponto, 2008.

GOLDSWORTHY, Brenton; ZAKHAROVA, Daria. **Evaluation of the oil fiscal regime in Russia and proposals for reform**. Disponível em: <http://www.imf.org/external/pubs/ft/wp/2010/wp1033.pdf>. Acesso em 1/10/2011.

LESSA, Carlos. **O Rio de todos os Brasis:** uma reflexão em busca de autoestima. Rio de Janeiro: Record, 2000.

________. **Sem autoestima e identidade não sairemos da crise.** Jornal dos Economistas, [S.l.], n. 104, p. 10-12, dez. 1997.

MAGALHÃES, Raphael de Almeida. **Breve histórico sobre a estruturação física e econômica da cidade** e sua região. Rio de Janeiro, 2001. Mimeo.

MENDES, Marcos. **Fundo de Participação dos Estados: sugestão de novos critérios de partilha que atendam determinação do STF.** Texto para Discussão nº 96 do Núcleo de Estudos da Consultoria Legislativa do Senado Federal. Brasília, junho/2011.

MERCADANTE, Aloizio. **Os campos do possível**: a oportunidade histórica do pré-sal. *Jornal do Brasil,* Rio de Janeiro, 22 de dez. 2008. Disponível em: <http://interessenacional.uol.com.br/artigos-integra.asp?cd_artigo=29>. Acesso em 01/10/2011.

________. Observatório: coletânea de artigos sobre a evolução do Brasil nos últimos anos. Brasília: Senado Federal, 2009.

OLIVEIRA, Adilson. **O Rio de Janeiro e o Pré-sal.** Revista de Economia Fluminense, Rio de Janeiro, ano V, n. 10, maio de 2011.

RABAT, Márcio Nuno. **A Federação:** centralização e descentralização do poder político no Brasil. Estudo da Consultoria Legislativa da Câmara dos Deputados. Brasília, agosto de 2002. Disponível em: <http://bd.camara.gov.br/bd/bitstream/handle/bdcamara/1460/federacao_centralizacao_rabat.pdf?sequence=1>. Acesso em 01/10/2011. p. 8-9.

REGO, Vital. **Relatório de Plenário ao PLS nº 448/2010.** Disponível em: <http://www.senado.gov.br/atividade/materia/Consulta.asp? Tipo_Cons=6&orderby=0&Flag=1&RAD_

TIP=OUTROS&str_tipo=PLC&txt_num=16&txt_ano=2010>. Acesso em 18/10/2011.

REZENDE, Fernando. **Federalismo fiscal no Brasil.** Revista de Economia Política, Vol. 15, nº 3, 8.59, Jul./Set. 1995.

________; AFONSO, José Roberto. **The Brazilian Federation:** facts, challenges and prospects. working paper, Palo Alto: Center for Research on Economic Policy and Policy Reform--Stanford University, 2002. 5p.

SERRA, José; AFONSO, José Roberto. **Federalismo fiscal à brasileira:** algumas reflexões. Revista do BNDES, vol. 6 nº 12, p. 3-30, dez. 1999. Disponível em: http://www.bndes.gov.br/SiteBNDES/export/sites/default/bndes_pt/Galerias/Arquivos/bf_bancos/e0001793.pdf. Acesso em: 01/10/2011. p. 5.

SILVA, José Afonso da. **Comentário contextual à Constituição.** São Paulo: Malheiros, 2005.

SILVA, Mauro Osorio. **Rio nacional, Rio local:** mitos e visões da crise carioca e fluminense. Rio de Janeiro: Senac, 2005.

________. **Evolução Econômica Social da Economia Fluminense Pós-60**. Centro de Ciências Jurídicas e Econômicas-UFRJ, 2002.

________. SOBRAL, Bruno Leonardo Barth; CARVALHO, Guilherme. **Plano Diretor Estratégico de Desenvolvimento Sustentável da Meso-Região do Arco Metropolitano do Rio de Janeiro:** análise da dinâmica espacial dos complexos logísticos-produtivos e recomendações para o maior impacto positivo dos empreendimentos estruturantes. Rio de Janeiro, 2011.

________. **A Crise do Rio de suas Especificidades**. Rio de Janeiro: Instituto de Economia, 2006. (Seminário de Pesquisa).

SOUZA, Maria do Carmo Campello de. **Federalismo no Brasil**: aspectos político-institucionais (1930-1964). Revista Brasileira de Ciências Sociais, São Paulo, vol. 21, nº 61, jun./2006. Disponível em: <http://dx.doi.org/10.1590/S0102-69092006000200002>. Acesso em 01/10/2011.

VALENTIM, Marilena Simões. **A guerra fiscal no Brasil**: impactos econômicos. Teresina, dezembro de 2003. Disponível em: <http://www.achegas.net/numero/catorze/marilena_v_14.htm>. Acesso em 1/10/2011.

URANI, André. **Trilhas para o Rio**: do reconhecimento da queda à reinvenção do futuro. Rio de Janeiro: Editora Campus. 2008.

________; GIAMBIAGI, Fabio. **Rio: a hora da virada**. Rio de Janeiro: Elsevier, 2011.

# Anexos

# Anexo I
# Redação final do Substitutivo do Senado ao PLS Nº 448/2011

## COMISSÃO DIRETORA DO SENADO FEDERAL
## PARECER Nº 1.123, DE 2011

Redação final do Projeto de Lei do Senado nº 448, de 2011.

A **Comissão Diretora** apresenta a redação final do Substitutivo ao Projeto de Lei do Senado nº 448, de 2011, que *modifica as Leis nºs 9.478, de 6 de agosto de 1997, 12.351, de 22 de dezembro de 2010, para determinar novas regras de distribuição entre os entes da Federação dos royalties e da participação especial devidos em função da exploração de petróleo, gás natural e outros hidrocarbonetos fluidos, e para aprimorar o marco regulatório sobre a exploração desses recursos no regime de partilha*, consolidando as Emendas aprovadas pelo Plenário.

Sala de Reuniões da Comissão, em 19 de outubro de 2011.

## ANEXO AO PARECER Nº 1.123, DE 2011

### Redação final do Projeto de Lei do Senado nº 448, de 2011.

Modifica as Leis nº 9.478, de 6 de agosto de 1997, e nº 12.351, de 22 de dezembro de 2010, para determinar novas regras de distribuição entre os entes da Federação dos royalties e da participação especial devidos em função da exploração de petróleo, gás natural e outros hidrocarbonetos fluidos, e para aprimorar o marco regulatório sobre a exploração desses recursos no regime de partilha.

**O CONGRESSO NACIONAL decreta:**

**Art. 1º** Esta lei dispõe sobre o pagamento e a distribuição dos royalties devidos em função da produção de petróleo, de gás natural e de outros hidrocarbonetos fluidos conforme disposto nas Leis nº 9.478, de 6 de agosto de 1997, e nº 12.351, de 22 de dezembro de 2010, bem como sobre o pagamento e a distribuição da participação especial a que se refere o art. 45 da Lei nº 9.478, de 1997.
Parágrafo único. Os royalties correspondem à compensação financeira devida à União, aos estados, ao Distrito Federal e aos municípios pela exploração e produção de petróleo, de gás natural e de outros hidrocarbonetos fluidos de que trata o § 1º do art. 20 da Constituição.

**Art. 2º** A Lei nº 12.351, de 22 de dezembro de 2010, passa a vigorar com a seguinte nova redação para o art. 42 e com os seguintes novos arts. 42-A, 42-B e 42-C:

"Art. 42[77] ..........................................................................

§ 1º Os royalties, com alíquota de 15% (quinze por cento) do valor da produção, correspondem à compensação financeira pela exploração do petróleo, de gás natural e de outros hidrocarbonetos líquidos de que trata o § 1º do art. 20 da Constituição Federal, sendo vedado, em qualquer hipótese, seu ressarcimento ao contratado e sua inclusão no cálculo do custo em óleo.

§ 2º O bônus de assinatura não integra o custo em óleo e corresponde a valor fixo devido à União pelo contratado, devendo ser estabelecido pelo contrato de partilha de produção e pago no

---

[77] Lei nº 12.351/2010: "Art. 42. O regime de partilha de produção terá as seguintes receitas governamentais:
I — royalties; e
II — bônus de assinatura."

ato da sua assinatura, sendo vedado, em qualquer hipótese, seu ressarcimento ao contratado." (NR)

"Art. 42-A. Os royalties serão pagos mensalmente pelo contratado em moeda nacional, e incidirão sobre a produção de petróleo, de gás natural e de outros hidrocarbonetos fluidos, calculados a partir da data de início da produção comercial.

§ 1º Os critérios para o cálculo do valor dos royalties serão estabelecidos em ato do Poder Executivo, em função dos preços de mercado do petróleo, do gás natural e de outros hidrocarbonetos fluidos, das especificações do produto e da localização do campo.

§ 2º A queima de gás em *flares*, em prejuízo de sua comercialização, e a perda de produto ocorrida sob a responsabilidade do contratado serão incluídas no volume total da produção a ser computada para cálculo dos royalties, sob os regimes de concessão e partilha, e para cálculo da participação especial, devida sob regime de concessão."

"Art. 42-B. Os royalties devidos em função da produção de petróleo, de gás natural e outros hidrocarbonetos fluidos sob o regime de partilha de produção serão distribuídos da seguinte forma:

I — quando a produção ocorrer em terra, rios, lagos, ilhas lacustres ou fluviais:

a) 20% (vinte por cento) para os estados ou o Distrito Federal, se for o caso, produtores;

b) 10% (dez por cento) para os municípios produtores;

c) 5% (cinco por cento) para os municípios afetados por operações de embarque e desembarque de petróleo, gás natural e outro hidrocarboneto fluido, na forma e critérios estabelecidos pela Agência Nacional do Petróleo, Gás Natural e Biocombustíveis (ANP);

d) 25% (vinte e cinco por cento) para constituição de fundo especial, a ser distribuído entre estados e o Distrito Federal, se for o caso, de acordo com os seguintes critérios:

1. os recursos serão distribuídos somente para os estados e, se for o caso, o Distrito Federal, que não tenham recebido recursos em decorrência do disposto na alínea 'a' deste inciso, na alínea 'a' do inciso II deste artigo, na alínea 'a' do inciso

II dos arts. 48 e 49 da Lei nº 9.478, de 6 de agosto de 1997, e no inciso II do § 2º do art. 50 da Lei nº 9.478, de 6 de agosto de 1997;

2. o rateio dos recursos do fundo especial obedecerá às mesmas regras do rateio do Fundo de Participação dos Estados e do Distrito Federal (FPE), de que trata o art. 159 da Constituição;

3. o percentual que o FPE destina aos estados e ao Distrito Federal, se for o caso, que serão excluídos do rateio dos recursos do fundo especial em decorrência do disposto no item 1 será redistribuído entre os demais estados e o Distrito Federal, se for o caso, proporcionalmente às suas participações no FPE;

4. o estado produtor ou confrontante, e o Distrito Federal, se for produtor, poderá optar por receber os recursos do fundo especial de que trata esta alínea, desde que não receba recursos em decorrência do disposto na alínea 'a' deste inciso, na alínea 'a' do inciso II deste artigo, na alínea 'a' do inciso II dos arts. 48 e 49 da Lei nº 9.478, de 6 de agosto de 1997, e no inciso II do § 2º do art. 50 da Lei nº 9.478, de 6 de agosto de 1997;

5. os recursos que estados produtores ou confrontantes, ou que o Distrito Federal, se for o caso, tenham deixado de arrecadar em função da opção prevista no item 4 serão adicionados aos recursos do fundo especial de que trata esta alínea;

e) 25% (vinte e cinco por cento) para constituição de fundo especial, a ser distribuído entre os municípios de acordo com os seguintes critérios:

1. os recursos serão distribuídos somente para os municípios que não tenham recebido recursos em decorrência do disposto nas alíneas 'b' e 'c' deste inciso e do inciso II deste artigo, nas alíneas 'b' e 'c' do inciso II dos arts. 48 e 49 da Lei nº 9.478, de 6 de agosto de 1997, e no inciso III do § 2º do art. 50 da Lei nº 9.478, de 6 de agosto de 1997;

2. o rateio dos recursos do fundo especial obedecerá às mesmas regras do rateio do Fundo de Participação dos Municípios (FPM), de que trata o art. 159 da Constituição;

3. o percentual que o FPM destina aos municípios que serão excluídos do rateio dos recursos do fundo especial em decorrência do disposto no item 1 será redistribuído entre municípios proporcionalmente às suas participações no FPM;
4. o município produtor ou confrontante poderá optar por receber os recursos do fundo especial de que trata esta alínea, desde que não receba recursos em decorrência do disposto nas alíneas 'b' e 'c' deste inciso e do inciso II deste artigo, nas alíneas 'b' e 'c' do inciso II dos arts. 48 e 49 da Lei nº 9.478, de 6 de agosto de 1997, e no inciso III do § 2º do art. 50 da Lei nº 9.478, de 6 de agosto de 1997;
5. os recursos que municípios produtores ou confrontantes tenham deixado de arrecadar em função da opção prevista no item 4 serão adicionados aos recursos do fundo especial de que trata esta alínea;
f) 15% (quinze por cento) para a União, a ser destinado ao Fundo Social, instituído por esta lei, deduzidas as parcelas destinadas aos órgãos específicos da Administração Direta da União, nos termos do regulamento do Poder Executivo;
II — quando a produção ocorrer na plataforma continental, no mar territorial ou na zona econômica exclusiva:
a) 22% (vinte e dois por cento) para os estados confrontantes;
b) 5% (cinco por cento) para os municípios confrontantes;
c) 2% (dois por cento) para os municípios afetados por operações de embarque e desembarque de petróleo, gás natural e outro hidrocarboneto fluido, na forma e critérios estabelecidos pela ANP;
d) 24,5% (vinte e quatro inteiros e cinco décimos por cento) para constituição de fundo especial, a ser distribuído entre estados e o Distrito Federal, se for o caso, de acordo com os seguintes critérios:
1. os recursos serão distribuídos somente para os estados e, se for o caso, o Distrito Federal, que não tenham recebido recursos em decorrência do disposto na alínea 'a' do inciso I e deste inciso II, na alínea 'a' do inciso II dos arts. 48 e 49 da Lei nº 9.478, de 6 de agosto de 1997, e no inciso II do § 2º do art. 50 da Lei nº 9.478, de 6 de agosto de 1997;

2. o rateio dos recursos do fundo especial obedecerá às mesmas regras do rateio do Fundo de Participação dos Estados e do Distrito Federal (FPE), de que trata o art. 159 da Constituição;
3. o percentual que o FPE destina aos estados e ao Distrito Federal, se for o caso, que serão excluídos do rateio dos recursos do fundo especial em decorrência do disposto no item 1 será redistribuído entre os demais estados e o Distrito Federal, se for o caso, proporcionalmente às suas participações no FPE;
4. o estado produtor ou confrontante, e o Distrito Federal, se for produtor, poderá optar por receber os recursos do fundo especial de que trata esta alínea, desde que não receba recursos em decorrência do disposto na alínea 'a' do inciso I e deste inciso II, na alínea 'a' do inciso II dos arts. 48 e 49 da Lei nº 9.478, de 6 de agosto de 1997, e no inciso II do § 2º do art. 50 da Lei nº 9.478, de 6 de agosto de 1997;
5. os recursos que estados produtores ou confrontantes, ou que o Distrito Federal, se for o caso, tenham deixado de arrecadar em função da opção prevista no item 4 serão adicionados aos recursos do fundo especial de que trata esta alínea;
e) 24,5% (vinte e quatro inteiros e cinco décimos por cento) para constituição de fundo especial, a ser distribuído entre os municípios de acordo com os seguintes critérios:
1. os recursos serão distribuídos somente para os municípios que não tenham recebido recursos em decorrência do disposto nas alíneas 'b' e 'c' do inciso I e deste inciso II, nas alíneas 'b' e 'c' do inciso II dos arts. 48 e 49 da Lei nº 9.478, de 6 de agosto de 1997, e no inciso III do § 2º do art. 50 da Lei nº 9.478, de 6 de agosto de 1997;
2. o rateio dos recursos do fundo especial obedecerá às mesmas regras do rateio do Fundo de Participação dos Municípios (FPM), de que trata o art. 159 da Constituição;
3. o percentual que o FPM destina aos municípios que serão excluídos do rateio dos recursos do fundo especial em decorrência do

disposto no item 1 será redistribuído entre municípios proporcionalmente às suas participações no FPM;
4. o município produtor ou confrontante poderá optar por receber os recursos do fundo especial de que trata esta alínea, desde que não receba recursos em decorrência do disposto nas alíneas 'b' e 'c' do inciso I e deste inciso II, nas alíneas 'b' e 'c' do inciso II dos arts. 48 e 49 da Lei nº 9.478, de 6 de agosto de 1997, e no inciso III do § 2º do art. 50 da Lei nº 9.478, de 6 de agosto de 1997;
5. os recursos que municípios produtores ou confrontantes tenham deixado de arrecadar em função da opção prevista no item 4 serão adicionados aos recursos do fundo especial de que trata esta alínea;
f) 22% (vinte e dois por cento) para a União, a ser destinado ao Fundo Social, instituído por esta lei, deduzidas as parcelas destinadas aos órgãos específicos da Administração Direta da União, nos termos do regulamento do Poder Executivo.
§ 1º A soma dos valores referentes aos royalties devidos aos municípios nos termos das alíneas 'b' e 'c' dos incisos I e II deste artigo, com os royalties devidos nos termos das alíneas 'b' e 'c' dos incisos I e II dos arts. 48 e 49 da Lei nº 9.478, de 6 de agosto de 1997, com a participação especial devida nos termos do inciso III do § 2º do art. 50 da Lei nº 9.478, de 6 de agosto de 1997, ficarão limitados ao maior dos seguintes valores:
I — os valores que o município recebeu a título de royalties e participação especial em 2011;
II — 2 (duas) vezes o valor *per capita* distribuído pelo FPM, calculado em nível nacional, multiplicado pela população do município.
§ 2º A parcela dos royalties de que trata este artigo que contribuiu para o valor que exceder o limite de pagamentos aos municípios em decorrência do disposto no § 1º será transferida para o fundo especial de que trata a alínea 'e' dos incisos I e II.
§ 3º Os pontos de entrega às concessionárias de gás natural produzido no País serão considerados instalações de embarque e desembarque, para fins de pagamento de royalties aos

municípios afetados por essas operações, em razão do disposto na alínea 'c' dos incisos I e II.

§ 4º A opção dos estados, Distrito Federal e municípios de que trata o item 4 das alíneas 'd' e 'e' dos incisos I e II poderá ser feita após conhecido o valor dos royalties e da participação especial a serem distribuídos, nos termos do regulamento."

"Art. 42-C. Os recursos do fundo especial de que tratam os incisos I e II do *caput* do art. 42-B terão a destinação prevista no art. 50-E da Lei nº 9.478, de 6 de agosto de 1997."

**Art. 3º** A Lei nº 9.478, de 6 de agosto de 1997, passa a vigorar com as seguintes novas redações para os arts. 48, 49 e 50, e com os seguintes novos arts. 49-A, 49-B, 49-C, 50-A, 50-B, 50-C, 50-D, 50-E e 50-F:

"Art. 48. A parcela do valor dos royalties, previstos no contrato de concessão, que representar 5% (cinco por cento) da produção, correspondente ao montante mínimo referido no § 1º do art. 47, será distribuída segundo os seguintes critérios:

I — quando a lavra ocorrer em terra ou em lagos, rios, ilhas fluviais e lacustres:

a) 70% (setenta por cento) aos estados onde ocorrer a produção;

b) 20% (vinte por cento) aos municípios onde ocorrer a produção;

c) 10% (dez por cento) aos municípios que sejam afetados pelas operações de embarque e desembarque de petróleo, gás natural e outros hidrocarbonetos fluidos, na forma e critérios estabelecidos pela ANP;

II — quando a lavra ocorrer na plataforma continental, no mar territorial ou na zona econômica exclusiva:

a) 20% (vinte por cento) para os estados confrontantes;

b) 17% (dezessete por cento) para os municípios confrontantes e respectivas áreas geoeconômicas, conforme definido nos arts. 2º, 3º e 4º da Lei nº 7.525, de 22 de julho de 1986;

c) 3% (três por cento) para os municípios que sejam afetados pelas operações de embarque e desembarque de petróleo, de gás natural e de outros hidrocarbonetos fluidos, na forma e critério estabelecidos pela ANP;

d) 20% (vinte por cento) para constituição de fundo especial, a ser distribuído entre estados e o Distrito Federal, se for o caso, de acordo com os seguintes critérios:

1. os recursos serão distribuídos somente para os estados e, se for o caso, o Distrito Federal, que não tenham recebido recursos em decorrência do disposto na alínea 'a' dos incisos I e II do art. 42-B da Lei nº 12.351, de 22 de dezembro de 2010, na alínea 'a' deste inciso e do inciso II do art. 49 desta lei e no inciso II do § 2º do art. 50 desta lei;

2. o rateio dos recursos do fundo especial obedecerá às mesmas regras do rateio do Fundo de Participação dos Estados e do Distrito Federal (FPE), de que trata o art. 159 da Constituição;

3. o percentual que o FPE destina aos estados e ao Distrito Federal, se for o caso, que serão excluídos do rateio dos recursos do fundo especial em decorrência do disposto no item 1 será redistribuído entre os demais estados e o Distrito Federal, se for o caso, proporcionalmente às suas participações no FPE;

4. o estado produtor ou confrontante, e o Distrito Federal, se for produtor, poderá optar por receber os recursos do fundo especial de que trata esta alínea, desde que não receba recursos em decorrência do disposto na alínea 'a' dos incisos I e II do art. 42-B da Lei nº 12.351, de 22 de dezembro de 2010, na alínea 'a' deste inciso e do inciso II do art. 49 desta lei e no inciso II do § 2º do art. 50 desta lei;

5. os recursos que estados produtores ou confrontantes, ou que o Distrito Federal, se for o caso, tenham deixado de arrecadar em função da opção prevista no item 4 serão adicionados aos recursos do fundo especial de que trata esta alínea;

e) 20% (vinte por cento) para constituição de fundo especial, a ser distribuído entre os municípios de acordo com os seguintes critérios:

1. os recursos serão distribuídos somente para os municípios que não tenham recebido recursos em decorrência do disposto nas alíneas 'b' e 'c' dos incisos I e II do art. 42-B da Lei nº 12.351,

de 22 de dezembro de 2010, nas alíneas 'b' e 'c' deste inciso e do inciso II do art. 49 desta lei e no inciso III do § 2º do art. 50 desta lei;

2. o rateio dos recursos do fundo especial obedecerá às mesmas regras do rateio do Fundo de Participação dos Municípios (FPM), de que trata o art. 159 da Constituição;

3. o percentual que o FPM destina aos municípios que serão excluídos do rateio dos recursos do fundo especial em decorrência do disposto no item 1 será redistribuído entre municípios proporcionalmente às suas participações no FPM;

4. o município produtor ou confrontante poderá optar por receber os recursos do fundo especial de que trata esta alínea, desde que não receba recursos em decorrência do disposto nas alíneas 'b' e 'c' dos incisos I e II do art. 42-B da Lei nº 12.351, de 22 de dezembro de 2010, nas alíneas 'b' e 'c' deste inciso e do inciso II do art. 49 desta lei e no inciso III do § 2º do art. 50 desta lei;

5. os recursos que municípios produtores ou confrontantes tenham deixado de arrecadar em função da opção prevista no item 4 serão adicionados aos recursos do fundo especial de que trata esta alínea;

f) 20% (vinte por cento) para a União, a ser destinado ao Fundo Social, instituído por esta lei, deduzidas as parcelas destinadas aos órgãos específicos da Administração Direta da União, nos termos do regulamento do Poder Executivo.

§ 1º A soma dos valores referentes aos royalties devidos aos municípios nos termos das alíneas 'b' e 'c' dos incisos I e II do art. 42-B da Lei nº 12.351, de 22 de dezembro de 2010, com os royalties devidos nos termos das alíneas 'b' e 'c' dos incisos I e II deste art. 48 e do art. 49 desta lei, com a participação especial devida nos termos do inciso III do § 2º do art. 50 desta lei, ficarão limitados ao maior dos seguintes valores:

I — os valores que o município recebeu a título de royalties e participação especial em 2011;

II — 2 (duas) vezes o valor *per capita* distribuído pelo FPM, calculado em nível nacional, multiplicado pela população do município.

§ 2º A parcela dos royalties de que trata este artigo que contribuir para o que exceder o limite de pagamentos aos municípios em decorrência do disposto no § 1º será transferida para o fundo especial de que trata a alínea 'e' do inciso II.

§ 3º Os pontos de entrega às concessionárias de gás natural produzido no País serão considerados instalações de embarque e desembarque, para fins de pagamento de royalties aos municípios afetados por essas operações, em razão do disposto na alínea 'c' dos incisos I e II.

§ 4º A opção dos estados, Distrito Federal e municípios de que trata o item 4 das alíneas 'd' e 'e' do inciso II poderá ser feita após conhecido o valor dos royalties e da participação especial a serem distribuídos, nos termos do regulamento." (NR)

"Art. 49[78] ..........................................................................

I — ..............................................................................

......................................................................................

d) 25% (vinte e cinco por cento) para a União, a ser destinado ao Fundo Social, instituído por esta lei, deduzidas as parcelas destinadas aos órgãos específicos da Administração Direta da União, nos termos do regulamento do Poder Executivo;

II[79]— ..............................................................................

a) 20% (vinte por cento) para os estados confrontantes;

b) 17% (dezessete por cento) para os municípios confrontantes e respectivas áreas geoeconômicas, conforme definido nos arts. 2º, 3º e 4º da Lei nº 7.525, de 22 de julho de 1986;

---

78 Lei nº 9.478/1997: "Art. 49. A parcela do valor do royalty que exceder a cinco por cento da produção terá a seguinte distribuição:
I — quando a lavra ocorrer em terra ou em lagos, rios, ilhas fluviais e lacustres:
a) cinquenta e dois inteiros e cinco décimos por cento aos estados onde ocorrer a produção; b) quinze por cento aos municípios onde ocorrer a produção; c) sete inteiros e cinco décimos por cento aos municípios que sejam afetados pelas operações de embarque e desembarque de petróleo e gás natural, na forma e critério estabelecidos pela ANP;"

79 Lei nº 9.478/1997: "Art. 49. A parcela do valor do royalty que exceder a cinco por cento da produção terá a seguinte distribuição: (...)
II — quando a lavra ocorrer na plataforma continental:"

c) 3% (três por cento) para os municípios que sejam afetados pelas operações de embarque e desembarque de petróleo, de gás natural e de outros hidrocarbonetos fluidos, na forma e critério estabelecidos pela ANP;

d) 20% (vinte por cento) para constituição de fundo especial, a ser distribuído entre estados e o Distrito Federal, se for o caso, de acordo com os seguintes critérios:

1. os recursos serão distribuídos somente para os estados e, se for o caso, o Distrito Federal, que não tenham recebido recursos em decorrência do disposto na alínea 'a' dos incisos I e II do art. 42-B da Lei nº 12.351, de 22 de dezembro de 2010, na alínea 'a' deste inciso e do inciso II do art. 48 desta lei e no inciso II do § 2º do art. 50 desta lei;

2. o rateio dos recursos do fundo especial obedecerá às mesmas regras do rateio do Fundo de Participação dos estados e do Distrito Federal (FPE), de que trata o art. 159 da Constituição;

3. o percentual que o FPE destina aos estados e ao Distrito Federal, se for o caso, que serão excluídos do rateio dos recursos do fundo especial em decorrência do disposto no item 1 será redistribuído entre os demais estados e o Distrito Federal, se for o caso, proporcionalmente às suas participações no FPE;

4. o estado produtor ou confrontante, e o Distrito Federal, se for produtor, poderá optar por receber os recursos do fundo especial de que trata esta alínea, desde que não receba os recursos referidos no item 1;

5. os recursos que estados produtores ou confrontantes, ou que o Distrito Federal, se for o caso, tenham deixado de arrecadar em função da opção prevista no item 4 serão adicionados aos recursos do fundo especial de que trata esta alínea;

e) 20% (vinte por cento) para constituição de fundo especial, a ser distribuído entre os municípios de acordo com os seguintes critérios:

1. os recursos serão distribuídos somente para os municípios que não tenham recebido recursos em decorrência do disposto nas alíneas 'b' e 'c' dos incisos I e II do art. 42-B da Lei nº 12.351, de 22 de dezembro de 2010, nas alíneas 'b' e 'c' deste

inciso e do inciso II do art. 48 desta lei e no inciso III do § 2º do art. 50 desta lei;
2. o rateio dos recursos do fundo especial obedecerá às mesmas regras do rateio do FPM, de que trata o art. 159 da Constituição;
3. o percentual que o FPM destina aos municípios que serão excluídos do rateio dos recursos do fundo especial em decorrência do disposto no item 1 será redistribuído entre municípios proporcionalmente às suas participações no FPM;
4. o município produtor ou confrontante poderá optar por receber os recursos do fundo especial de que trata esta alínea, desde que não receba os recursos referidos no item 1;
5. os recursos que municípios produtores ou confrontantes tenham deixado de arrecadar em função da opção prevista no item 4 serão adicionados aos recursos do fundo especial de que trata esta alínea;
f) 20% (vinte por cento) para a União, a ser destinado ao Fundo Social, instituído por esta lei, deduzidas as parcelas destinadas aos órgãos específicos da Administração Direta da União, nos termos do regulamento do Poder Executivo.
§ 1º (Revogado).
§ 2º (Revogado).
§ 3º (Revogado).
§ 4º A soma dos valores referentes aos royalties devidos aos municípios nos termos das alíneas 'b' e 'c' dos incisos I e II do art. 42-B da Lei nº 12.351, de 22 de dezembro de 2010, com os royalties devidos nos termos das alíneas 'b' e 'c' dos incisos I e II deste artigo e do art. 48 desta lei, com a participação especial devida nos termos do inciso III do § 2º do art. 50 desta lei, ficarão limitados ao maior dos seguintes valores:
I — os valores que o município recebeu a título de royalties e participação especial em 2011;
II — 2 (duas) vezes o valor *per capita* distribuído pelo FPM, calculado em nível nacional, multiplicado pela população do município.
§ 5º A parcela dos royalties de que trata este artigo que contribuir para o valor que exceder o limite de pagamentos aos municípios

em decorrência do disposto no § 4º será transferida para o fundo especial de que trata a alínea 'e' do inciso II.

§ 6º A opção dos estados, Distrito Federal e municípios de que trata o item 4 das alíneas 'd' e 'e' do inciso II poderá ser feita após conhecido o valor dos royalties e da participação especial a serem distribuídos, nos termos do regulamento.

§ 7º Os pontos de entrega às concessionárias de gás natural produzido no País serão considerados instalações de embarque e desembarque, para fins de pagamento de royalties aos municípios afetados por essas operações, em razão do disposto na alínea 'c' dos incisos I e II." (NR)

"Art. 49-A. Os percentuais de distribuição a que se referem a alínea 'b' do inciso II do art. 48 e a alínea 'b' do inciso II do art. 49 serão reduzidos:

I — em 2 (dois) pontos percentuais em 2013 e em cada ano subsequente até 2018, quando alcançará 5% (cinco por cento);

II — em 1 (um) ponto percentual em 2019, quando alcançará o mínimo de 4% (quatro por cento).

Parágrafo único. A partir de 2019, o percentual de distribuição a que se refere este artigo será de 4% (quatro por cento)."

"Art. 49-B. Os percentuais de distribuição a que se referem a alínea 'd' do inciso II do art. 48 e a alínea 'd' do inciso II do art. 49 serão acrescidos:

I — em 1 (um) ponto percentual em 2013 e em cada ano subsequente até atingir 24% (vinte e quatro por cento) em 2016;

II — em 1,5 (um inteiro e cinco décimos) de ponto percentual em 2017, quando atingirá 25,5% (vinte e cinco inteiros e cinco décimos por cento);

III — em 1 (um) ponto percentual em 2018, quando atingirá 26,5% (vinte e seis inteiros e cinco décimos por cento);

IV — em 0,5 (cinco décimos) de ponto percentual em 2019, quando atingirá o máximo de 27% (vinte e sete por cento).

Parágrafo único. A partir de 2019, o percentual de distribuição a que se refere este artigo será de 27% (vinte e sete por cento)."

"Art. 49-C. Os percentuais de distribuição a que se referem a alínea 'e' do inciso II do art. 48 e a alínea 'e' do inciso II do art. 49 serão acrescidos:

I — em 1 (um) ponto percentual em 2013 e em cada ano subsequente até atingir 24% (vinte e quatro por cento) em 2016;

II — em 1,5 (um inteiro e cinco décimos) de ponto percentual em 2017, quando atingirá 25,5% (vinte e cinco inteiros e cinco décimos por cento);

III — em 1 (um) ponto percentual em 2018, quando atingirá 26,5% (vinte e seis inteiros e cinco décimos por cento);

IV — em 0,5 (cinco décimos) de ponto percentual em 2019, quando atingirá o máximo de 27% (vinte e sete por cento).

Parágrafo único. A partir de 2019, o percentual de distribuição a que se refere este artigo será de 27% (vinte e sete por cento)."

"Art. 50[80] ..............................................................................

§ 2º ..................................................................................

I — 42% (quarenta e dois por cento) à União, a ser destinado ao Fundo Social, instituído pela Lei nº 12.351, de 2010, deduzidas as parcelas destinadas aos órgãos específicos da Administração Direta da União, nos termos do regulamento do Poder Executivo;

II — 34% (trinta e quatro por cento) para o estado onde ocorrer a produção em terra, ou confrontante com a plataforma continental onde se realizar a produção;

III — 5% (cinco por cento) para o município onde ocorrer a produção em terra, ou confrontante com a plataforma continental onde se realizar a produção;

---

[80] Lei nº 9.478/1997: "Art. 50. O edital e o contrato estabelecerão que, nos casos de grande volume de produção, ou de grande rentabilidade, haverá o pagamento de uma participação especial, a ser regulamentada em decreto do presidente da República. (Vide Lei nº 10.261, de 2001.)

§ 1º A participação especial será aplicada sobre a receita bruta da produção, deduzidos os royalties, os investimentos na exploração, os custos operacionais, a depreciação e os tributos previstos na legislação em vigor.

§ 2º Os recursos da participação especial serão distribuídos na seguinte proporção:"

IV — 9,5% (nove inteiros e cinco décimos por cento) para constituição de fundo especial, a ser distribuído entre estados e o Distrito Federal, se for o caso, de acordo com os seguintes critérios:

a) os recursos serão distribuídos somente para os estados e, se for o caso, o Distrito Federal, que não tenham recebido recursos em decorrência do disposto na alínea 'a' dos incisos I e II do art. 42-B da Lei nº 12.351, de 22 de dezembro de 2010, na alínea 'a' do inciso II dos arts. 48 e 49 desta lei e no inciso II do § 2º deste artigo;

b) o rateio dos recursos do fundo especial obedecerá às mesmas regras do rateio do Fundo de Participação dos Estados e do Distrito Federal (FPE), de que trata o art. 159 da Constituição;

c) o percentual que o FPE destina aos estados e ao Distrito Federal, se for o caso, que serão excluídos do rateio dos recursos do fundo especial em decorrência do disposto na alínea 'a' será redistribuído entre os demais estados e o Distrito Federal, se for o caso, proporcionalmente às suas participações no FPE;

d) o estado produtor ou confrontante, e o Distrito Federal, se for produtor, poderá optar por receber os recursos do fundo especial de que trata este inciso, desde que não receba recursos em decorrência do disposto na alínea 'a' dos incisos I e II do art. 42-B da Lei nº 12.351, de 22 de dezembro de 2010, na alínea 'a' do inciso II dos arts. 48 e 49 desta lei e no inciso II do § 2º deste artigo;

e) os recursos que estados produtores ou confrontantes, ou que o Distrito Federal, se for o caso, tenham deixado de arrecadar em função da opção prevista na alínea 'd' serão adicionados aos recursos do fundo especial de que trata este inciso;

V — 9,5% (nove inteiros e cinco décimos por cento) para constituição de fundo especial, a ser distribuído entre os municípios de acordo com os seguintes critérios:

a) os recursos serão distribuídos somente para os municípios que não tenham recebido recursos em decorrência do disposto nas alíneas 'b' e 'c' dos incisos I e II do art. 42-B da Lei nº 12.351, de 22 de dezembro de 2010, nas alíneas 'b' e 'c' do inciso II dos arts. 48 e 49 desta lei e no inciso III do § 2º deste artigo;

b) o rateio dos recursos do fundo especial obedecerá às mesmas regras do rateio do FPM, de que trata o art. 159 da Constituição;
c) o percentual que o FPM destina aos municípios que serão excluídos do rateio dos recursos do fundo especial em decorrência do disposto na alínea 'a' será redistribuído entre municípios proporcionalmente às suas participações no FPM;
d) o município produtor ou confrontante poderá optar por receber os recursos do fundo especial de que trata este inciso, desde que não receba recursos em decorrência do disposto nas alíneas 'b' e 'c' dos incisos I e II do art. 42-B da Lei nº 12.351, de 22 de dezembro de 2010, nas alíneas 'b' e 'c' do inciso II dos arts. 48 e 49 desta lei e no inciso III do § 2º deste artigo;
e) os recursos que municípios produtores ou confrontantes tenham deixado de arrecadar em função da opção prevista na alínea 'd' serão adicionados aos recursos do fundo especial de que trata este inciso.
§ 3º [81] ..............................................................................

§ 4º (Revogado).[82]

§ 5º A soma dos valores referentes aos royalties devidos aos municípios nos termos das alíneas 'b' e 'c' dos incisos I e II do art. 42-B da Lei nº 12.351, de 22 de dezembro de 2010, com os royalties devidos nos termos das alíneas 'b' e 'c' dos incisos I e II dos arts. 48 e 49 desta lei, com a participação especial devida nos termos do inciso III do § 2º deste artigo, ficarão limitados ao maior dos seguintes valores:

---

[81] Lei nº 9.478/1997, art. 50: "§ 3º Os estudos a que se refere o inciso II do parágrafo anterior serão desenvolvidos pelo Ministério do Meio Ambiente, dos Recursos Hídricos e da Amazônia Legal, com o apoio técnico da ANP, no cumprimento do disposto no inciso IX do art. 8º. (Revogado pela Lei nº 12.114, de 2009.)"

[82] Lei nº 9.478/1997, art. 50: "§ 4º Nas áreas localizadas no pré-sal contratadas sob o regime de concessão, a parcela da participação especial que cabe à administração direta da União será destinada integralmente ao fundo de natureza contábil e financeira, criado por lei específica, com a finalidade de constituir fonte de recursos para o desenvolvimento social e regional, na forma de programas e projetos nas áreas de combate à pobreza e de desenvolvimento da educação, da cultura, do esporte, da saúde pública, da ciência e tecnologia, do meio ambiente e de mitigação e adaptação às mudanças climáticas, vedada sua destinação aos órgãos específicos de que trata este artigo. (Redação dada pela Lei nº 12.351, de 2010.)"

I — os valores que o município recebeu a título de royalties e participação especial em 2011;

II — 2 (duas) vezes o valor *per capita* distribuído pelo FPM, calculado em nível nacional, multiplicado pela população do município.

§ 6º A opção dos estados, Distrito Federal e municípios de que trata a alínea 'd' dos incisos IV e V poderá ser feita após conhecido o valor dos royalties e da participação especial a serem distribuídos, nos termos do regulamento.

§ 7º A parcela da participação especial que contribuir para o valor que exceder o limite de pagamentos aos municípios em decorrência do disposto no § 5º será transferida para o fundo especial de que trata o inciso V do § 2º." (NR)

"Art. 50-A. O percentual de distribuição a que se refere o inciso I do § 2º do art. 50 será acrescido de 1 (um) ponto percentual em 2013 e em cada ano subsequente até 2016, quando alcançará 46% (quarenta e seis por cento).

Parágrafo único. A partir de 2016, o percentual de distribuição a que se refere este artigo será de 46% (quarenta e seis por cento).

"Art. 50-B. O percentual de distribuição a que se refere o inciso II do § 2º do art. 50 será reduzido:

I — em 2 (dois) pontos percentuais em 2013, quando atingirá 32% (trinta e dois por cento);

II — em 3 (três) pontos percentuais em 2014 e em 2015, quando atingirá 26% (vinte e seis por cento);

III — em 2 (dois) pontos percentuais em 2016, em 2017 e em 2018, quando atingirá 20% (vinte por cento).

Parágrafo único. A partir de 2018, o percentual de distribuição a que se refere este artigo será de 20% (vinte por cento)."

"Art. 50-C. O percentual de distribuição a que se refere o inciso III do § 2º do art. 50 será reduzido em 1 (um) ponto percentual em 2019, quando atingirá 4% (quatro por cento).

Parágrafo único. A partir de 2019, o percentual de distribuição a que se refere este artigo será de 4% (quatro por cento)."

"Art. 50-D. O percentual de distribuição a que se refere o inciso IV do § 2º do art. 50 será acrescido:

I — em 0,5 (cinco décimos) de ponto percentual em 2013, quando atingirá 10% (dez por cento);

II — em 1 (um) ponto percentual em 2014 e em 2015, quando atingirá 12% (doze por cento);

III — em 0,5 (cinco décimos) de ponto percentual em 2016, quando atingirá 12,5% (doze inteiros e cinco décimos por cento);

IV — em 1 (um) ponto percentual em 2017 e em 2018, quando atingirá 14,5% (catorze inteiros e cinco décimos por cento);

V — em 0,5 (cinco décimos) de ponto percentual em 2019, quando atingirá 15% (quinze por cento).

Parágrafo único. A partir de 2019, o percentual de distribuição a que se refere este artigo será de 15% (quinze por cento)."

"Art. 50-E. O percentual de distribuição a que se refere o inciso V do § 2º do art. 50 será acrescido:

I — em 0,5 (cinco décimos) de ponto percentual em 2013, quando atingirá 10% (dez por cento);

II — em 1 (um) ponto percentual em 2014 e em 2015, quando atingirá 12% (doze por cento);

III — em 0,5 (cinco décimos) de ponto percentual em 2016, quando atingirá 12,5% (doze inteiros e cinco décimos por cento);

IV — em 1 (um) ponto percentual em 2017 e em 2018, quando atingirá 14,5% (catorze inteiros e cinco décimos por cento);

V — em 0,5 (cinco décimos) de ponto percentual em 2019, quando atingirá 15% (quinze por cento).

Parágrafo único. A partir de 2019, o percentual de distribuição a que se refere este artigo será de 15% (quinze por cento)."

"Art. 50-F. O fundo especial de que tratam as alíneas 'd' e 'e' do inciso II dos arts. 48 e 49 desta lei, os incisos IV e V do § 2º do art. 50 desta lei e as alíneas 'd' e 'e' dos incisos I e II do art. 42-B da lei nº 12.351, de 22 de dezembro de 2010, serão destinados para as áreas de educação, infraestrutura social e econômica, saúde, segurança, programas de erradicação da miséria e da pobreza, cultura, esporte, pesquisa, ciência e tecnologia, defesa civil, meio ambiente, em programas voltados para a mitigação e adaptação às mudanças climáticas, e para o tratamento e reinserção social dos dependentes químicos.

Parágrafo único. Os estados, o Distrito Federal e os municípios encaminharão anexo contendo a previsão para a aplicação dos recursos de que trata o *caput* junto aos respectivos planos plurianuais, leis de diretrizes orçamentárias e leis do orçamento anual."

**Art. 4º** Revogam-se:

I — os §§ 1º, 2º e 3º do art. 49[83] e o § 4º do art. 50,[84] todos da Lei nº 9.478, de 6 de agosto de 1997;

II — o inciso IV e o § 1º do art. 49 da Lei nº 12.351, de 22 de dezembro de 2010.

**Art. 5º** Esta lei entra em vigor na data de sua publicação.

Sala das Sessões, 19 de outubro de 2010.

---

[83] Lei nº 9.478/1997, art. 49: "§ 1º Do total de recursos destinados ao Ministério da Ciência e Tecnologia serão aplicados, no mínimo, 40% (quarenta por cento) em programas de fomento à capacitação e ao desenvolvimento científico e tecnológico das regiões Norte e Nordeste, incluindo as respectivas áreas de abrangência das Agências de Desenvolvimento Regional. (Redação dada pela Lei nº 11.540, de 2007.)

§ 2º O Ministério da Ciência e Tecnologia administrará os programas de amparo à pesquisa científica e ao desenvolvimento tecnológico previstos no *caput* deste artigo, com o apoio técnico da ANP, no cumprimento do disposto no inciso X do art. 8º, e mediante convênios com as universidades e os centros de pesquisa do país, segundo normas a serem definidas em decreto do presidente da República.

§ 3º Nas áreas localizadas no pré-sal contratadas sob o regime de concessão, a parcela dos royalties que cabe à Administração Direta da União será destinada integralmente ao fundo de natureza contábil e financeira, criado por lei específica, com a finalidade de constituir fonte de recursos para o desenvolvimento social e regional, na forma de programas e projetos nas áreas de combate à pobreza e de desenvolvimento da educação, da cultura, do esporte, da saúde pública, da ciência e tecnologia, do meio ambiente e de mitigação e adaptação às mudanças climáticas, vedada sua destinação aos órgãos específicos de que trata este artigo. (Redação dada pela Lei nº 12.351, de 2010.)"

[84] Lei nº 9.478/1997, art. 50: "§ 4º Nas áreas localizadas no pré-sal contratadas sob o regime de concessão, a parcela da participação especial que cabe à

# Anexo II
# Emenda nº 13 ao PLS nº 448/2011 (sen. Lindbergh Farias)

**EMENDA SUBSTITUTIVA GLOBAL Nº 13 — Plenário (ao Projeto de Lei do Senado nº 448 de 2011)**

**Art. 1º** Dê-se a seguinte redação à ementa do Projeto de lei do Senado nº 448 de 2011:

Dispõe sobre royalties e participação especial devidos em função da produção de petróleo, gás natural e outros hidrocarbonetos fluidos sob o regime de concessão no mar territorial, na zona econômica exclusiva e na plataforma continental, e sobre os royalties devidos sob o regime de partilha de produção, em áreas do pré-sal e em áreas estratégicas, instituído pela Lei nº 12.351, de 22 de dezembro de 2010, para os estados, Distrito Federal, municípios e órgãos da Administração Direta da União. Altera a incidência de Imposto sobre a Exportação sobre petróleo e seus derivados e gás natural, de que trata o Decreto-Lei nº 1.578, de 11 de outubro de 1977, bem como determina que a União preste apoio financeiro aos municípios, aos estados e ao Distrito Federal em montante equivalente ao que for arrecadado de tais exportações, e dá outras providências.

**Art. 2º** Dê-se a seguinte redação ao Projeto de Lei do Senado nº 448 de 2011:

**Art. 1º** Esta dispõe sobre o pagamento de royalties e participação especial devidos em função da produção de petróleo, gás natural e outros hidrocarbonetos fluidos sob o regime de

---

Administração Direta da União será destinada integralmente ao fundo de natureza contábil e financeira, criado por lei específica, com a finalidade de constituir fonte de recursos para o desenvolvimento social e regional, na forma de programas e projetos nas áreas de combate à pobreza e de desenvolvimento da educação, da cultura, do esporte, da saúde pública, da ciência e tecnologia, do meio ambiente e de mitigação e adaptação às mudanças climáticas, vedada sua destinação aos órgãos específicos de que trata este artigo. (Redação dada pela Lei nº 12.351, de 2010.)"

concessão no mar territorial, na zona econômica exclusiva e na plataforma continental, e sobre os royalties devidos sob o regime de partilha de produção, em áreas do pré-sal e em áreas estratégicas, instituído pela Lei nº 12.351, de 22 de dezembro de 2010, para os estados, Distrito Federal, municípios e órgãos da Administração Direta da União, e dá outras providências.

**Art. 2º** Os royalties correspondem à compensação financeira devida aos estados, ao Distrito Federal e aos municípios, bem como a órgãos da Administração Direta da União, pela exploração de petróleo, de gás natural e de outros hidrocarbonetos fluidos de que trata o § 1º do art. 20 da Constituição, vedada sua inclusão no cálculo do custo em óleo.

§ 1º Os royalties serão pagos mensalmente pelo contratado sob o regime de concessão ou partilha de produção, em moeda nacional, a partir da data de início da produção comercial de cada campo, em montante correspondente a 15% (quinze por cento) da produção de petróleo ou gás natural.

§ 2º Os critérios para o cálculo do valor dos royalties serão estabelecidos em ato do Poder Executivo, em função dos preços de mercado do petróleo, gás natural ou condensado, das especificações do produto e da localização do campo.

§ 3º A queima de gás em *flares*, em prejuízo de sua comercialização, e a perda de produto ocorrida sob a responsabilidade do contratado serão incluídas no volume total da produção a ser computada para cálculo dos royalties devidos.

§ 4º É vedado, em qualquer hipótese, o ressarcimento dos royalties, bem como sua inclusão no cálculo do custo em óleo.

§ 5º Os royalties contratados sob o regime de concessão ou partilha de produção, quando a lavra ocorrer na plataforma continental, serão distribuídos da seguinte forma:

I — 25% (vinte e cinco por cento) aos estados produtores confrontantes com a plataforma continental onde se realizar a produção;

II — 6% (seis por cento) aos municípios produtores confrontantes com a plataforma continental onde se realizar a produção;

III — 3% (cinco por cento) aos municípios que sejam afetados pelas operações de embarque e desembarque de petróleo, gás natural e de outros hidrocarbonetos fluidos, na forma e critério estabelecidos pela ANP;
IV — 22% (vinte e dois por cento) para constituição de fundo especial, a ser distribuído entre todos os estados e Distrito Federal de acordo com o critério de repartição do Fundo de Participação dos Estados e Distrito Federal, de que trata o art. 159 da Constituição;
V — 22% (vinte e dois por cento) para constituição de fundo especial, a ser distribuído entre todos os municípios de acordo com o critério de partilha do Fundo de Participação dos Municípios (FPM), de que trata o art. 159 da Constituição;
VI — 22% (vinte por cento) para a União, a ser destinado ao Fundo Social, instituído pela Lei nº 12.351, de 2010, deduzidas as parcelas destinadas aos órgãos específicos da Administração Direta da União, nos termos do regulamento do Poder Executivo.
§ 3º Os royalties devidos nos contratos firmados sob o regime de concessão ou partilha de produção, quando a lavra ocorrer em terra ou em lagos, rios, ilhas fluviais e lacustres, serão distribuídos na forma prevista na Lei nº 9.478, de 6 de agosto de 1997.

**Art. 3º** Os royalties devidos nos contratos celebrados antes da publicação desta lei serão regulados pela legislação em vigor à época da contratação.

**Art. 4º** A participação especial constitui compensação financeira extraordinária devida pelos concessionários de exploração e produção de petróleo ou gás natural, nos casos de grande volume de produção ou de grande rentabilidade, conforme os critérios definidos em regulamento do Poder Executivo, e será paga, com relação a cada campo de uma dada área de concessão, a partir do trimestre em que ocorrer a data de início da respectiva produção.

§ 1º A participação especial será aplicada sobre a receita bruta da produção, deduzidos os royalties, os investimentos na exploração, os custos operacionais, a depreciação e os tributos previstos na legislação em vigor.
§ 2º Os recursos da participação especial serão distribuídos na seguinte proporção:
I — 40% (quarenta por cento) para constituição de fundo especial, a ser distribuído entre todos os estados e Distrito Federal de acordo com o critério de repartição do Fundo de Participação dos Estados e Distrito Federal, de que trata o art. 159 da Constituição;
II — 40% (quarenta por cento) para o estado onde ocorrer a produção em terra, ou confrontante com a plataforma continental onde se realizar a produção;
III — 10% (dez por cento) para constituição de fundo especial, a ser distribuído entre todos os municípios de acordo com o critério de partilha do Fundo de Participação dos Municípios (FPM), de que trata o art. 159 da Constituição;
IV — 10% (dez por cento) para o município onde ocorrer a produção em terra, ou confrontante com a plataforma continental onde se realizar a produção.

**Art. 5º** O Decreto-Lei nº 1.578, de 11 de outubro de 1977, passa a vigorar acrescido do seguinte artigo 3º-A:

> "Art. 3º-A A alíquota do imposto incidente sobre petróleo, inclusive lubrificantes, combustíveis líquidos e gasosos dele derivados, e sobre o gás natural, é de 30% (trinta por cento), facultado ao Poder Executivo reduzi-la ou aumentá-la, para atender aos objetivos da política cambial e do comércio exterior.
> § 1º Em caso de redução, a alíquota constante do *caput* não poderá ser inferior a 10% (dez por cento).
> § 2º Em caso de elevação, a alíquota não poderá ser superior a cinco vezes o percentual fixado no *caput*." (NR)

**Art. 6º** A União prestará apoio financeiro a todos os municípios mediante repasse de montante de recursos equivalente a

50% (cinquenta por cento) do produto de sua arrecadação do Imposto sobre a Exportação que resulte da aplicação do disposto no art.3º-A, do Decreto-Lei nº 1.578, de 11 de outubro de 1977, observado o seguinte:

I — os recursos serão repassados segundo os mesmos critérios de rateio adotados pelo Fundo de Participação dos Municípios (FPM) e serão observadas as demais condições para sua apuração e divulgação, inclusive distribuídas as cotas na mesma data de crédito e levando em conta a arrecadação do Imposto sobre a Exportação realizada no mesmo período em que se arrecadarem os Impostos de Renda e de Produtos Industrializados;

II — será incluída dotação no orçamento de cada exercício financeiro para atender aos repasses de que trata este artigo, sob pena de crime de responsabilidade;

III — não será aplicada qualquer vinculação aos recursos transferidos na forma deste artigo, nem para fins de pagamento de dívida renegociada junto ao Tesouro Nacional.

**Art. 7º** A União prestará apoio financeiro a todos os estados e ao Distrito Federal mediante repasse de montante de recursos equivalente a 50% (cinquenta por cento) do produto de sua arrecadação do Imposto sobre a Exportação que resulte da aplicação do disposto no art. 3º-A, do Decreto-Lei nº 1.578, de 11 de outubro de 1977, observado o seguinte:

I — os recursos serão repassados segundo os mesmos critérios de rateio adotados pelo Fundo de Participação dos Estados (FPE) e serão observadas as demais condições para sua apuração e divulgação, inclusive distribuídas as cotas na mesma data de crédito e levando em conta a arrecadação do Imposto sobre a Exportação realizada no mesmo período em que se arrecadarem os Impostos de Renda e de Produtos Industrializados;

II — será incluída dotação no orçamento de cada exercício financeiro para atender aos repasses de que trata este artigo, sob pena de crime de responsabilidade;

III — não será aplicada qualquer vinculação aos recursos transferidos na forma deste artigo, nem para fins de pagamento de dívida renegociada junto ao Tesouro Nacional.

**Art. 8º** Esta lei entra em vigor na data de sua publicação.

## JUSTIFICAÇÃO

O objetivo desta emenda é fortalecer a Federação brasileira ao destinar de forma harmônica e equilibrada parcela da riqueza nacional gerada por recursos naturais para todos os estados e municípios.

O texto regulamenta o pagamento de royalties e participações especiais devidos pela produção de petróleo, de gás natural e de outros hidrocarbonetos fluidos sob o regime de concessão e partilha de produção, bem como dispõe sobre sua distribuição.

A presente proposta justifica-se, por um lado, tendo em vista o veto do presidente Lula ao art. nº-64 da Revisão Final do PL nº 5.940/2009, que criou uma lacuna neste PL em relação à distribuição dos royalties. Por outro lado, as diversas propostas que tramitam na Câmara dos Deputados e no Senado Federal não atenderem ao equilíbrio federativo, posto que penalizam os estados produtores.

Ademais, o projeto aprovado no Congresso Nacional não definiu a alíquota a ser cobrada a título de royalties, inviabilizando as licitações das novas jazidas da camada pré-sal, sob o regime de partilha de produção. Adicionalmente, há que se destacar que este texto conserva, no essencial, o acordo celebrado pelo presidente Lula com os estados produtores e não produtores.

Mantivemos a proposta do presidente Lula de elevar de 10% para 15% o percentual devido em função dos royalties. Entretanto, preserva o ato jurídico perfeito ao estabelecer que o percentual devido nos contratos celebrados antes da entrada em vigor desta lei continuará a ser 10% (dez por cento), podendo a ANP reduzi-lo até um mínimo de 5% (cinco por cento) do volume total da produção.

Há que se ressaltar, ainda, que enquanto o PL nº 8.051/2010 estabelece regras de distribuição para os royalties apenas no regime de partilha, este novo PL fixa regras tanto para o regime de partilha de produção quanto para o regime de concessão. Ademais, aquele projeto só cuidava da distribuição de royalties, enquanto este trata também da participação especial. Aqui há uma mudança significativa. A mudança no marco regulatório do pré-sal ensejou uma justa reivindicação dos estados e municípios não produtores por maior participação nas rendas governamentais do petróleo.

Para resolver essa demanda, propomos que a parcela da União nas participações especiais (50%) seja integralmente destinada a esses entes da Federação, visto que para o pré-sal não haverá participações especiais e sim o chamado equivalente em óleo, que será integralmente destinado à União.

A proposta trata ainda da incidência do imposto nacional sobre exportações de petróleo e seus derivados, fixando a alíquota em 30% (trinta por cento), podendo ser reduzida a 10% (dez por cento). Para atender aos objetivos da política cambial e do comércio exterior, também mantém a sistemática atual de permitir a elevação do imposto para até cinco vezes o percentual fixado na lei (art. 3º do Decreto-Lei nº 1.578, de 11 de outubro de 1977).

Ao mesmo tempo, a proposta cria uma transferência extraordinária e complementar do FPE e do FPM, que deverão ser compostos por recursos equivalentes ao que a União vier a arrecadar com o Imposto sobre a Exportação sobre óleo e gás, metade para cada fundo, e sem ferir a vedação constitucional para vincular a arrecadação originária do imposto. Portanto, é uma proposta que exige que os recursos naturais exportados passem a dar uma contribuição mínima à Federação brasileira, beneficiando especialmente os governos das regiões menos desenvolvidas e de menor porte, os mais dependentes do FPE e do FPM.

Atualmente, o Imposto sobre Exportações sobre petróleo e derivados tem alíquota zero. Em 2010, as exportações de petróleo e combustíveis atingiram US$ 22,9 bilhões; até junho de 2011, somaram US$ 14,9 bilhões. Estimamos que, com a alíquota de 10% (dez por cento), o Imposto sobre as Exportações sobre petróleo e derivados pode gerar de R$ 4,02 bilhões a R$ 5,7 bilhões por ano, os quais poderiam ser destinados aos estados não produtores de petróleo, nos mesmos critérios do FPE/FPM.

Sala das Sessões,
**Senador Lindbergh Farias (PT-RJ)**

## Anexo III
## PLS nº 574/2011 (sen. Francisco Dornelles, Lindbergh Farias e outros)

### PROJETO DE LEI DO SENADO Nº 574, DE 2011

Altera a Lei nº 12.351, de 22 de dezembro de 2010, para dispor sobre os royalties e a receita da comercialização relativos ao regime de partilha de produção.

**O CONGRESSO NACIONAL decreta:**

**Art. 1º** Incluam-se os seguintes arts. 42-A e 42-B na Lei nº 12.351, de 22 de dezembro de 2010:

"Art. 42-A Os royalties devidos pelo contratado sob o regime de partilha de produção serão pagos mensalmente, em moeda nacional, a partir da data de início da produção comercial de cada campo, em montante correspondente a 20% (vinte por cento) da produção de petróleo ou gás natural.

§ 1º Os critérios para o cálculo do valor dos royalties serão estabelecidos por decreto do presidente da República, em função dos preços de mercado do petróleo, gás natural ou condensado, das especificações do produto e da localização do campo.

§ 2º A queima de gás em *flares*, em prejuízo de sua comercialização, e a perda de produto ocorrida sob a responsabilidade do concessionário serão incluídas no volume total da produção a ser computada para cálculo dos royalties devidos."

"Art. 42-B Os royalties oriundos da exploração de petróleo, gás natural e outros hidrocarbonetos fluidos extraídos de campos contratados após a vigência desta lei sob o regime de partilha de produção serão distribuídos da seguinte forma:

I — quando a lavra ocorrer em terra, lagos, rios, ilhas fluviais e lacustres:

a) oito pontos percentuais e dois décimos (8,2 pontos percentuais) aos estados produtores;
b) dois pontos percentuais e três décimos (2,3 pontos percentuais) aos municípios produtores;
c) um ponto percentual e dois décimos (1,2 ponto percentual) aos municípios que sejam afetados pelas operações de embarque e desembarque de petróleo e gás natural, na forma e critério estabelecidos pela ANP;
d) oito pontos percentuais e três décimos (8,3 pontos percentuais) para a União dos quais:
1) três pontos percentuais e três décimos (3,3 pontos percentuais) para constituição de fundo especial a ser distribuído entre os estados e o Distrito Federal, de acordo com os critérios de repartição do Fundo de Participação dos Estados e do Distrito Federal, previsto no art. 159, I, 'a' da Constituição Federal;
2) três pontos percentuais e três décimos (3,3 pontos percentuais) para constituição de fundo especial a ser distribuído entre os municípios, de acordo com os critérios de repartição do Fundo de Participação dos Municípios (FPM), previsto no art. 159, I, 'b' da Constituição Federal;
3) um ponto percentual e sete décimos (1,7 ponto percentual) para o Ministério de Ciência e Tecnologia, para financiar programas de amparo à pesquisa científica e ao desenvolvimento tecnológico aplicados à indústria do petróleo, do gás natural, dos biocombustíveis e à indústria petroquímica;
II — quando a lavra ocorrer na plataforma continental, mar territorial ou zona econômica exclusiva:
a) cinco pontos percentuais e cinco décimos (5,5 pontos percentuais) aos estados produtores ou confrontantes;
b) três pontos percentuais e três décimos (3,3 pontos percentuais) aos municípios produtores ou confrontantes;
c) um ponto percentual (1,0 ponto percentual) aos municípios que sejam afetados pelas operações de embarque e

desembarque de petróleo e gás natural, na forma e critério estabelecidos pela ANP;

d) dez pontos percentuais e dois décimos (10,2 pontos percentuais) para a União, dos quais:

1) quatro pontos percentuais e quatro décimos (4,4 pontos percentuais) para constituição de fundo especial a ser distribuído entre os estados e o Distrito Federal, de acordo com os critérios de repartição do Fundo de Participação dos Estados e do Distrito Federal, previsto no art. 159, I, 'a' da Constituição Federal;

2) quatro pontos percentuais e quatro décimos (4,4 pontos percentuais) para constituição de fundo especial a ser distribuído entre os municípios, de acordo com os critérios de repartição do Fundo de Participação dos Municípios (FPM), previsto no art. 159, I, 'b' da Constituição Federal;

3) sete décimos de ponto percentual (0,7 ponto percentual) para o Comando da Marinha, para financiar programas de monitoramento e fiscalização das áreas de exploração em mar;

4) sete décimos de ponto percentual (0,7 ponto percentual) para o Ministério de Ciência e Tecnologia, para financiar programas de amparo à pesquisa científica e ao desenvolvimento tecnológico aplicados à indústria do petróleo, do gás natural, dos biocombustíveis e à indústria petroquímica."

**Art. 2º** O art. 46 da Lei nº 12.351, de 22 de dezembro de 2010, passa a vigorar com a seguinte redação:

"Art. 46 A receita da União advinda da comercialização de petróleo, de gás natural e de outros hidrocarbonetos fluidos, obtida nos contratos de partilha de produção, será destinada da seguinte forma:

I — cinquenta por cento (50%) para constituição do fundo social a que se refere o art. 47;

II — doze e meio por cento (12,5%) para constituição de fundo especial, distribuído a todos estados e Distrito Federal, obedecidos os mesmos critérios de rateio do Fundo de Participação dos Estados e do Distrito Federal, de que trata o art. 159, I, 'a' da Constituição Federal;

III — doze e meio por cento (12,5%) para constituição de fundo especial, distribuído a todos os municípios, obedecidos os mesmos critérios de rateio do Fundo de Participação dos Municípios (FPM), de que trata o art. 159, I, 'b' da Constituição Federal.

IV — vinte por cento (20,0%) para os estados produtores ou confrontantes;

V — cinco por cento (5,0%) para os municípios produtores ou confrontantes;

VI — um por cento (1,0%) para os municípios afetados por operações de embarque e desembarque de petróleo e derivados.

Parágrafo único. Os repasses dos fundos previstos nos incisos II e III serão realizados em intervalos de dez dias, decorridos até dez dias da arrecadação da receita, e caberá ao Tribunal de Contas da União apurar e divulgar os coeficientes de participação e acompanhar as liberações." (NR)

**Art. 3º** Esta lei entra em vigor na data de sua publicação.

## JUSTIFICAÇÃO

Este projeto de lei define os royalties exigidos no novo regime de partilha de produção de petróleo e também altera normas sobre demais receitas do mesmo regime, que recentemente foram objeto da Lei nº 12.351, de 22/12/2010, que criou o chamado marco regulatório do pré-sal.

Propusemos, em primeiro lugar, a elevação da alíquota dos royalties do petróleo, dos atuais 10% para 20%. Entendemos que a alíquota atual é muito baixa, principalmente se aplicada aos campos de alta produtividade do pré-sal e de futuras áreas estratégicas.

Além do aumento da alíquota, a proposta visa, antes de tudo, garantir a vigência de contratos de concessão em áreas já licitadas e propor uma distribuição de royalties mais justa para contratos firmados no futuro, assegurando a estados e municípios produtores aquilo que a legislação atual lhes garante.

Não custa mencionar que a hipótese de alteração das regras vigentes e previstas em contrato poderia ferir os princípios constitucionais de preservação do ato jurídico perfeito e do direito adquirido, previstos no inciso XXVI do art. 5º de nossa Lei Maior. Além da questão jurídica, é preciso considerar a questão econômica. Estados e municípios produtores foram obrigados a realizar despesas com transporte, saneamento, educação, saúde, segurança e justiça contando com a arrecadação decorrente de contratos de concessão já assinados.

A Constituição de 1988 dispõe no art. 20, § 1º, que "é assegurada, nos termos da lei, aos estados, ao Distrito Federal (...) participação no resultado da exploração do petróleo ou gás natural, (...) no respectivo território, plataforma continental, mar territorial ou zona econômica exclusiva, ou compensação financeira por essa exploração".

É óbvio que o Constituinte, ao estabelecer esse dispositivo, pretendia compensar os estados e municípios produtores. Isso porque são os estados e municípios produtores que sofrem com os danos ambientais decorrentes da atividade de extração, que são obrigados a prover infraestrutura para a indústria petroleira, e que têm de dar conta de expandir a oferta de serviços públicos para acomodar a população atraída para o local.

A Constituição Federal também prevê, em seu art. nº 155, §§ 2º e 4º, que o ICMS do petróleo, ao contrário do que ocorre com outros produtos, deve ser pago no estado de consumo, e não no estado onde é produzido. Por isso os estados produtores deixam de arrecadar mais de R$ 10 bilhões por ano. Assim, os royalties também podem ser interpretados como uma forma de compensar os estados produtores pela perda de arrecadação com o ICMS.

Para destinar royalties do petróleo aos estados e municípios não produtores e não afetados deve-se estabelecer metodologia que respeite os preceitos constitucionais. Como somente a União, estados e municípios produtores têm direito à compensação pela exploração do petróleo, propomos destinar à União 8,3 pontos percentuais dos 20 por cento devidos a título de royalties da exploração em terra, e 10,2 pontos percentuais dos 20 por cento devidos à exploração na plataforma continental, mar territorial ou zona econômica exclusiva. Por sua vez, a União destinará, da parte que lhe couber, 6,6 pontos percentuais no caso de exploração em terra, lagos, rios, ilhas fluviais e lacustres, ou 8,8 pontos percentuais no caso de exploração na plataforma continental, mar territorial ou zona econômica exclusiva, para todos os estados e municípios, com base nos critérios do FPM e FPE, implicando significativo aumento em relação à participação atual.

Os recursos da participação especial passarão, na realidade, a ficar com a União, na forma da parcela de óleo excedente que lhe será destinada. Esta proposta, portanto, amplia significativamente a participação dos estados e municípios não produtores nos resultados da exploração do petróleo.

Ainda deve ser observado que a parcela da União, de 1,7 ponto percentual, será destinada ao Ministério de Ciência e Tecnologia, se a lavra ocorrer em terra, lagos, rios, ilhas fluviais e lacustres. Para exploração em mar, a parcela da União, de 1,4 ponto percentual, será destinada ao Comando da Marinha e ao Ministério de Ciência e Tecnologia.

O projeto de lei substitui o art. 46 da Lei nº 12.451, de 2010, para dar nova disposição à distribuição do resultado líquido que terá a União com o novo regime de partilha. No regime de concessão, os estados recebem, diretamente, as participações especiais e, indiretamente, parcelas dos lucros que as empresas têm no regime de concessão, cujo Imposto de Renda devido acaba sendo parcialmente repartido via fundos de participação. Por isso, é ora proposto que toda receita de comercialização da União seja compartilhada, aplicando-se 50% na constituição do Fundo Social, e 25% nos fundos a serem repassados aos estados e municípios, sendo 12,5 pontos percentuais para cada fundo, obedecendo à lógica constitucional dos fundos de participação FPE e FPM quanto aos critérios de rateio. A participação restante será distribuída para estados produtores ou confrontantes, na proporção de vinte pontos percentuais, para municípios produtores ou confrontantes, na proporção de quatro pontos percentuais e para municípios afetados por operações de embarque e desembarque, na proporção de um ponto percentual.

Por fim, esta proposta visa ao respeito à segurança jurídica e à preservação do equilíbrio federativo, função maior do Senado Federal.

Sala das Sessões,

**Senador Francisco Dornelles (PP-RJ)**

**Senador Lindbergh Farias (PT-RJ)**

**Senador Delcídio do Amaral (PT-MS)**

**Senador Ricardo Ferraço (PMDB-ES)**

Anexo IV
PLS nº 597/2011
(sen. Lindbergh Farias)

## PROJETO DE LEI DO SENADO Nº 597, DE 2011

Altera a incidência de Imposto sobre a Exportação sobre petróleo e seus derivados e gás natural, de que trata o Decreto-Lei nº 1.578, de 11 de outubro de 1977, bem como determina que a União preste apoio financeiro aos municípios, aos estados e ao Distrito Federal em montante equivalente ao que for arrecadado de tais exportações.

**O CONGRESSO NACIONAL decreta:**

**Art. 1º** O Decreto-Lei nº 1.578, de 11 de outubro de 1977, passa a vigorar acrescido do seguinte artigo 3º-A:

"Art. 3º-A A alíquota do imposto incidente sobre petróleo, inclusive lubrificantes, combustíveis líquidos e gasosos dele derivados, e sobre o gás natural, é de 30% (trinta por cento), facultado ao Poder Executivo reduzi-la ou aumentá-la, para atender aos objetivos da política cambial e do comércio exterior.

§ 1º Em caso de redução, a alíquota constante do *caput* não poderá ser inferior a 10% (dez por cento).

§ 2º Em caso de elevação, a alíquota não poderá ser superior a cinco vezes o percentual fixado no *caput*." (NR)

**Art. 2º** A União prestará apoio financeiro a todos os municípios mediante repasse de montante de recursos equivalente a 50% (cinquenta por cento) do produto de sua arrecadação do Imposto sobre a Exportação que resulte da aplicação do disposto no art. 3º-A, do Decreto-Lei nº 1.578, de 11 de outubro de 1977, observado o seguinte:

I — os recursos serão repassados segundo os mesmos critérios de rateio adotados pelo Fundo de Participação dos Municípios (FPM) e serão observadas as demais condições para sua apuração e divulgação, inclusive distribuídas as cotas na mesma data de crédito e levando em conta a arrecadação do Imposto sobre a Exportação realizada no mesmo período em que se arrecadarem os Impostos de Renda e de Produtos Industrializados;
II — será incluída dotação no orçamento de cada exercício financeiro para atender aos repasses de que trata este artigo, sob pena de crime de responsabilidade; e
III — não será aplicada qualquer vinculação aos recursos transferidos na forma deste artigo, nem para fins de pagamento de dívida renegociada junto ao Tesouro Nacional.

**Art. 3º** A União prestará apoio financeiro a todos os estados e ao Distrito Federal mediante repasse de montante de recursos equivalente a 50% (cinquenta por cento) do produto de sua arrecadação do Imposto sobre a Exportação que resulte da aplicação do disposto no art. 3º-A, do Decreto-Lei nº 1.578, de 11 de outubro de 1977, observado o seguinte:
I — os recursos serão repassados segundo os mesmos critérios de rateio adotados pelo Fundo de Participação dos Estados (FPE) e serão observadas as demais condições para sua apuração e divulgação, inclusive distribuídas as cotas na mesma data de crédito e levando em conta a arrecadação do Imposto sobre a Exportação realizada no mesmo período em que se arrecadarem os Impostos de Renda e de Produtos Industrializados;
II — será incluída dotação no orçamento de cada exercício financeiro para atender aos repasses de que trata este artigo, sob pena de crime de responsabilidade; e
III — não será aplicada qualquer vinculação aos recursos transferidos na forma deste artigo, nem para fins de pagamento de dívida renegociada junto ao Tesouro Nacional.

**Art. 4º** Esta Lei entra em vigor na data de sua publicação.

## JUSTIFICAÇÃO

O objetivo deste Projeto de Lei é destinar parcela da riqueza nacional gerada por recursos naturais e destinada ao exterior para fortalecer a Federação brasileira. A proposta trata da incidência do Imposto Nacional sobre Exportações de petróleo e seus derivados, fixando a alíquota em 30%, podendo ser reduzida a 10% (dez por cento). Para atender aos objetivos da política cambial e do comércio exterior, o projeto mantém a sistemática atual de permitir a elevação imposto para até cinco vezes o percentual fixado na lei (art. 3º do Decreto-Lei nº 1.578, de 11 de outubro de 1977). Estimamos que, com a alíquota de 10%, o Imposto sobre as Exportações de petróleo e derivados pode gerar de R$ 4,02 bilhões a R$ 5,7 bilhões por ano.

Ao mesmo tempo, a proposta cria uma transferência extraordinária e complementar do FPE e do FPM, que deverão ser compostos por recursos equivalentes ao que a União vier a arrecadar com o Imposto sobre a Exportação de óleo e gás, metade para cada fundo, e sem ferir a vedação constitucional para vincular a arrecadação originária do imposto. Portanto, é uma proposta que exige que os recursos naturais exportados passem a dar uma contribuição mínima à Federação brasileira, beneficiando especialmente os governos das regiões menos desenvolvidas e de menor porte, os mais dependentes do FPE e do FPM.

De acordo com a Constituição Federal, o Imposto da União sobre Exportações não necessita atender ao princípio da anualidade tributária. Daí porque a aprovação desta proposição poderia trazer benefícios imediatos ao Brasil.

Atualmente, o imposto sobre exportações sobre petróleo e derivados tem alíquota zero. Em 2010, as exportações de petróleo e combustíveis atingiram US$ 22,9 bilhões; até junho de 2011, somaram US$ 14,9 bilhões. Estimamos que, com a alíquota de

10%, o imposto sobre as exportações de petróleo e derivados pode gerar de R$ 4,02 bilhões a R$ 5,7 bilhões por ano, os quais poderiam ser destinados aos estados não produtores de petróleo, nos mesmos critérios do FPE/FPM.

Como o petróleo é uma *commodity*, cujo preço é definido internacionalmente, esta tributação não seria questionada pela OMC.

As descobertas de petróleo na camada pré-sal representam uma grande conquista do povo brasileiro. A alteração no marco regulatório do petróleo, porém, pode mergulhar o Brasil numa indesejada guerra federativa. Considero que o pré-sal é nosso passaporte para o futuro, e não pode ser o pomo da discórdia. A aprovação deste projeto pode ajudar decisivamente a resolver o impasse federativo causado pela questão dos royalties.

Em face dos benefícios políticos e econômicos decorrentes da cobrança do Imposto sobre a Exportação sobre o petróleo, pedimos o apoio dos nobres membros desta Casa para que esta iniciativa seja transformada em lei o mais rapidamente possível.

Sala das Sessões,
**Senador Lindbergh Farias (PT-RJ)**

# Anexo V
# PLS nº 613/2011
# (sen. Lindbergh Farias e Francisco Dornelles)

## PROJETO DE LEI DO SENADO Nº 613, DE 2011

Dispõe sobre royalties e participação especial devidos em função da produção de petróleo, gás natural e outros hidrocarbonetos fluidos sob o regime de concessão no mar territorial, na zona econômica exclusiva e na plataforma continental, e sobre os royalties devidos sob o regime de partilha de produção, em áreas do pré-sal e em áreas estratégicas, instituído pela Lei nº 12.351, de 22 de dezembro de 2010, para os estados, Distrito Federal, municípios e órgãos da Administração Direta da União, e dá outras providências.

**O CONGRESSO NACIONAL decreta:**

**Art. 1º** Esta dispõe sobre o pagamento de royalties e participação especial devidos em função da produção de petróleo, gás natural e outros hidrocarbonetos fluidos sob o regime de concessão no mar territorial, na zona econômica exclusiva e na plataforma continental, e sobre os royalties devidos sob o regime de partilha de produção, em áreas do pré-sal e em áreas estratégicas, instituído pela Lei nº 12.351, de 22 de dezembro de 2010, para os estados, Distrito Federal, municípios e órgãos da Administração Direta da União, e dá outras providências.

**Art. 2º** Os royalties correspondem à compensação financeira devida aos estados, ao Distrito Federal e aos municípios, bem como a órgãos da Administração Direta da União, pela exploração de petróleo, de gás natural e de outros hidrocarbonetos fluidos de que trata o § 1º do art. 20 da Constituição, vedada sua inclusão no cálculo do custo em óleo.

§ 1º Os royalties serão pagos mensalmente pelo contratado sob o regime de concessão ou partilha de produção, em moeda nacional, a partir da data de início da produção comercial de cada campo, em montante correspondente a 15% (quinze por cento) da produção de petróleo ou gás natural.

§ 2º Os critérios para o cálculo do valor dos royalties serão estabelecidos em ato do Poder Executivo, em função dos preços de mercado do petróleo, gás natural ou condensado, das especificações do produto e da localização do campo.

§ 3º A queima de gás em *flares*, em prejuízo de sua comercialização, e a perda de produto ocorrida sob a responsabilidade do contratado serão incluídas no volume total da produção a ser computada para cálculo dos royalties devidos.

§ 4º É vedado, em qualquer hipótese, o ressarcimento dos royalties, bem como sua inclusão no cálculo do custo em óleo.

§ 5º Os royalties contratados sob o regime de concessão ou partilha de produção, quando a lavra ocorrer na plataforma continental, serão distribuídos da seguinte forma:

I — 25% (vinte e cinco por cento) aos estados produtores confrontantes com a plataforma continental onde se realizar a produção;

II — 6% (seis por cento) aos municípios produtores confrontantes com a plataforma continental onde se realizar a produção;

III — 3% (cinco por cento) aos municípios que sejam afetados pelas operações de embarque e desembarque de petróleo, gás natural e de outros hidrocarbonetos fluidos, na forma e critério estabelecidos pela ANP;

IV — 22% (vinte e dois por cento) para constituição de fundo especial, a ser distribuído entre todos os estados e Distrito Federal de acordo com o critério de repartição do Fundo de Participação dos Estados e Distrito Federal, de que trata o art. 159 da Constituição;

V — 22% (vinte e dois por cento) para constituição de fundo especial, a ser distribuído entre todos os municípios de acordo com o critério de partilha do Fundo de Participação dos Municípios de que trata o art. 159 da Constituição;

VI — 22% (vinte e dois por cento) para a União, a ser destinado ao Fundo Social, instituído pela Lei nº 12.351, de 2010, deduzidas as parcelas destinadas aos órgãos específicos da Administração Direta da União, nos termos do regulamento do Poder Executivo.

**§ 3º** Os royalties devidos nos contratos firmados sob o regime de concessão ou partilha de produção, quando a lavra ocorrer em terra ou em lagos, rios, ilhas fluviais e lacustres, serão distribuídos na forma prevista na Lei nº 9.478, de 6 de agosto de 1997.

**Art. 3º** Os royalties devidos nos contratos celebrados antes da publicação desta lei serão regulados pela legislação em vigor à época da contratação.

**Art. 4º** A participação especial constitui compensação financeira extraordinária devida pelos concessionários de exploração e produção de petróleo ou gás natural, nos casos de grande volume de produção ou de grande rentabilidade, conforme os critérios definidos em regulamento do Poder Executivo, e será paga, com relação a cada campo de uma dada área de concessão, a partir do trimestre em que ocorrer a data de início da respectiva produção.

§ 1º A participação especial será aplicada sobre a receita bruta da produção, deduzidos os royalties, os investimentos na exploração, os custos operacionais, a depreciação e os tributos previstos na legislação em vigor.

§ 2º Os recursos da participação especial serão distribuídos na seguinte proporção:

I — 40% (quarenta por cento) para constituição de fundo especial, a ser distribuído entre todos os estados e Distrito Federal de acordo com o critério de repartição do Fundo de Participação dos Estados e Distrito Federal, de que trata o art. 159 da Constituição;

II — 40% (quarenta por cento) para o estado onde ocorrer a produção em terra, ou confrontante com a plataforma continental onde se realizar a produção;

III — 10% (dez por cento) para constituição de fundo especial, a ser distribuído entre todos os municípios de acordo com o critério de partilha do Fundo de Participação dos Municípios de que trata o art. 159 da Constituição;
IV — 10% (dez por cento) para o município onde ocorrer a produção em terra, ou confrontante com a plataforma continental onde se realizar a produção.

**Art. 4º** Esta lei entra em vigor na data de sua publicação.

## JUSTIFICAÇÃO

O objetivo deste Projeto de Lei é fortalecer a Federação brasileira ao destinar de forma harmônica e equilibrada parcela da riqueza nacional gerada por recursos naturais para todos os estados e municípios.

O projeto regulamenta o pagamento de royalties e participações especiais devidos pela produção de petróleo, de gás natural e de outros hidrocarbonetos fluidos sob o regime de concessão e partilha de produção, bem como dispõe sobre sua distribuição.

A presente proposta justifica-se, por um lado, tendo em vista o veto do presidente Lula ao art. nº 64 da Revisão Final do PL nº 5.940/2009, que criou uma lacuna neste Projeto de Lei em relação à distribuição dos royalties. Por outro lado, as diversas propostas que tramitam na Câmara dos Deputados e no Senado Federal não atenderem ao equilíbrio federativo, posto que penalizam os Estados produtores.

Ademais, o projeto aprovado no Congresso Nacional não definiu a alíquota a ser cobrada a título de royalties, inviabilizando as licitações das novas jazidas da camada pré-sal, sob o regime de partilha de produção.

Adicionalmente, há que se destacar que este texto conserva, no essencial, o acordo celebrado pelo presidente Lula com os estados produtores e não produtores.

Mantivemos a proposta do presidente Lula de elevar de 10% para 15% o percentual devido em função dos royalties. Entretanto, preserva o ato jurídico perfeito ao estabelecer que o percentual devido nos contratos celebrados antes da entrada em vigor desta lei continuará a ser 10%, podendo a ANP reduzi-lo até um mínimo de 5% do volume total da produção.

Há que se ressaltar, ainda, que enquanto o PL nº 8.051/2010 estabelece regras de distribuição para os royalties apenas no regime de partilha, este novo PL fixa regras tanto para o regime de partilha de produção quanto para o regime de concessão.

Ademais, aquele projeto só cuidava da distribuição de royalties, enquanto este trata também da participação especial. Aqui há uma mudança significativa. A mudança no marco regulatório do pré-sal ensejou uma justa reivindicação dos estados e municípios não produtores por maior participação nas rendas governamentais do petróleo.

Para resolver essa demanda, propomos que a parcela da União nas participações especiais (50%) seja integralmente destinada a esses entes da Federação, visto que para o pré-sal não haverá participações especiais e sim o chamado equivalente em óleo, que será integralmente destinado à União.

Importante ressaltar que estados produtores e não produtores não devem digladiar-se enquanto a União concentra poderes. Em 2008, por exemplo, 54% das receitas arrecadadas ficaram com a União, 27% com os estados e 19% com os municípios. Produtores e não produtores precisam se unir para convencer o Governo Federal. A guerra federativa não interessa a ninguém. O pré-sal é nosso passaporte para o futuro, e não pode ser o pomo da discórdia.

A presente proposta resguarda o § 1º do art. 20 da CF, com os estados e municípios produtores e confrontantes recebendo uma parcela diferenciada dos demais entes federativos. Não obstante, os demais entes federados passarão a receber, por esta proposta, parcela significativa dos recursos arrecadados, comparativamente ao que recebiam em relação ao disposto na Lei do Petróleo (Lei nº 9.478/1997), especialmente porque, além de royalties, passam a receber também participação especial.

Dados da Empresa de Pesquisa Energética (EPE) revelam que a produção de petróleo saltará de 2,030 milhões de barris por dia (bbl/dia) para 3,68 milhões bbl/dia em 2015 e 6,093 milhões bbl/dia em 2020.

Em 2010, os royalties geraram R$ 9,9 bilhões e as participações especiais renderam R$ 11,7 bilhões, o que totalizou R$ 21,6 bilhões. Esses valores aumentarão nos próximos anos.

Tendo como referência esse aumento de produção e de receita, o presente projeto visa promover uma distribuição mais equitativa entre as unidades da Federação.

A aprovação deste projeto pode ajudar decisivamente a resolver o impasse federativo causado pela questão dos royalties, razão pela que peço o apoio dos meus nobres pares.

Sala das Sessões,
**Senador Lindbergh Farias (PT-RJ)**
**Senador Francisco Dornelles (PP-RJ)**

# Anexo VI
# PLS nº 634/2011 (sen. Lindbergh Farias)

## PROJETO DE LEI DO SENADO Nº 634, DE 2011

Dispõe sobre royalties e participação especial devidos em função da produção de petróleo, gás natural e outros hidrocarbonetos fluidos sob o regime de concessão no mar territorial, na zona econômica exclusiva e na plataforma continental, e sobre os royalties devidos sob o regime de partilha de produção, em áreas do pré-sal e em áreas estratégicas, instituído pela lei nº 12.351, de 22 de dezembro de 2010, para os estados, Distrito Federal, municípios e órgãos da Administração Direta da União e dá outras providências.

**O CONGRESSO NACIONAL decreta:**

**Art. 1º** Esta dispõe sobre o pagamento de royalties e participação especial devidos em função da produção de petróleo, gás natural e outros hidrocarbonetos fluidos sob o regime de concessão no mar territorial, na zona econômica exclusiva e na plataforma continental, e sobre os royalties devidos sob o regime de partilha de produção, em áreas do pré-sal e em áreas estratégicas, instituído pela lei nº 12.351, de 22 de dezembro de 2010, para os estados, Distrito Federal, municípios e órgãos da Administração Direta da União, e dá outras providências.

**Art. 2º** Os royalties correspondem à compensação financeira devida aos estados, ao Distrito Federal e aos municípios, bem como a órgãos da Administração Direta da União pela exploração de petróleo, de gás natural e de outros hidrocarbonetos fluidos de que trata o § 1º do art. 20 da Constituição, vedada sua inclusão no cálculo do custo em óleo.

§ 1º Os royalties serão pagos mensalmente pelo contratado sob o regime de concessão ou partilha de produção, em moeda nacional, a partir da data de início da produção comercial de cada campo, em montante correspondente a 15% da produção de petróleo ou gás natural.

§ 2º Os critérios para o cálculo do valor dos royalties serão estabelecidos em ato do Poder Executivo, em função dos preços de mercado do petróleo, gás natural ou condensado, das especificações do produto e da localização do campo.

§ 3º A queima de gás em *flares*, em prejuízo de sua comercialização, e a perda de produto ocorrida sob a responsabilidade do contratado serão incluídas no volume total da produção a ser computada para cálculo dos royalties devidos.

§ 4º É vedado, em qualquer hipótese, o ressarcimento dos royalties, bem como sua inclusão no cálculo do custo em óleo.

§ 5º Os royalties contratados sob o regime de concessão ou partilha de produção, quando a lavra ocorrer na plataforma continental, serão distribuídos da seguinte forma:

I — 25% (vinte e cinco por cento) aos estados produtores confrontantes com a plataforma continental onde se realizar a produção;

II — 6% (seis por cento) aos municípios produtores confrontantes com a plataforma continental onde se realizar a produção;

III — 3% (três por cento) aos municípios que sejam afetados pelas operações de embarque e desembarque de petróleo, gás natural e de outros hidrocarbonetos fluidos, na forma e critério estabelecidos pela ANP;

IV — 22% (vinte e dois por cento) para constituição de fundo especial, a ser distribuído entre todos os estados e Distrito Federal de acordo com o critério de repartição do Fundo de Participação dos Estados e Distrito Federal, de que trata o art. 159 da Constituição;

V — 22% (vinte e dois por cento) para constituição de fundo especial, a ser distribuído entre todos os municípios de acordo com

o critério de partilha do Fundo de Participação dos Municípios (FPM), de que trata o art. 159 da Constituição;
VI — 22% (vinte e dois por cento) para a União, a ser destinado ao fundo social, instituído pela Lei nº 12.351, de 2010, deduzidas as parcelas destinadas aos órgãos específicos da Administração Direta da União, nos termos do regulamento do Poder Executivo.
§ 3º Os royalties devidos nos contratos firmados sob o regime de concessão ou partilha de produção, quando a lavra ocorrer em terra ou em lagos, rios, ilhas fluviais e lacustres, serão distribuídos na forma prevista na Lei nº 9.478, de 6 de agosto de 1997.

**Art. 3º** Os royalties devidos nos contratos celebrados antes da publicação desta lei serão regulados pela legislação em vigor à época da contratação.

**Art. 4º** A participação especial constitui compensação financeira extraordinária devida pelos concessionários de exploração e produção de petróleo ou gás natural, nos casos de grande volume de produção ou de grande rentabilidade, conforme os critérios definidos em regulamento do Poder Executivo, e será paga, com relação a cada campo de uma dada área de concessão, a partir do trimestre em que ocorrer a data de início da respectiva produção.
§ 1º A participação especial será aplicada sobre a receita bruta da produção, deduzidos os royalties, os investimentos na exploração, os custos operacionais, a depreciação e os tributos previstos na legislação em vigor.
§ 2º Os recursos da participação especial serão distribuídos na seguinte proporção:
I — 40% (quarenta por cento) para constituição de fundo especial, a ser distribuído entre todos os estados e Distrito Federal de acordo com o critério de repartição do Fundo de Participação dos Estados e Distrito Federal, de que trata o art. 159 da Constituição;
II — 40% (quarenta por cento) para o estado onde ocorrer a produção em terra, ou confrontante com a plataforma continental onde se realizar a produção;

III — 10% (dez por cento) para constituição de fundo especial, a ser distribuído entre todos os municípios de acordo com o critério de partilha do Fundo de Participação dos Municípios (FPM), de que trata o art. 159 da Constituição;
IV — 10% (dez por cento) para o município onde ocorrer a produção em terra, ou confrontante com a plataforma continental onde se realizar a produção.

**Art. 5º** O Decreto-Lei nº 1.578, de 11 de outubro de 1977, passa a vigorar acrescido do seguinte artigo 3º-A:

> "Art. 3º-A A alíquota do imposto incidente sobre petróleo, inclusive lubrificantes, combustíveis líquidos e gasosos dele derivados, e sobre o gás natural, é de 30% (trinta por cento), facultado ao Poder Executivo reduzi-la ou aumentá-la, para atender aos objetivos da política cambial e do comércio exterior.
> § 1º Em caso de redução, a alíquota constante do *caput* não poderá ser inferior a 10% (dez por cento).
> § 2º Em caso de elevação, a alíquota não poderá ser superior a cinco vezes o percentual fixado no *caput*." (NR)

**Art. 6º** A União prestará apoio financeiro a todos os municípios mediante repasse de montante de recursos equivalente a 50% (cinquenta por cento) do produto de sua arrecadação do Imposto sobre a Exportação que resulte da aplicação do disposto no art. 3º-A, do Decreto-Lei nº 1.578, de 11 de outubro de 1977, observado o seguinte:
I — os recursos serão repassados segundo os mesmos critérios de rateio adotados pelo Fundo de Participação dos Municípios (FPM) e serão observadas as demais condições para sua apuração e divulgação, inclusive distribuídas as cotas na mesma data de crédito e levando em conta a arrecadação do Imposto sobre a Exportação realizada no mesmo período em que se arrecadarem os Impostos de Renda e de Produtos Industrializados;
II — será incluída dotação no orçamento de cada exercício financeiro para atender aos repasses de que trata este artigo, sob pena de crime de responsabilidade;

III — não será aplicada qualquer vinculação aos recursos transferidos na forma deste artigo, nem para fins de pagamento de dívida renegociada junto ao Tesouro Nacional.

**Art. 7º** A União prestará apoio financeiro a todos os estados e ao Distrito Federal mediante repasse de montante de recursos equivalente a 50% (cinquenta por cento) do produto de sua arrecadação do Imposto sobre a Exportação que resulte da aplicação do disposto no art. 3º-A, do Decreto-Lei nº 1.578, de 11 de outubro de 1977, observado o seguinte:

I — os recursos serão repassados segundo os mesmos critérios de rateio adotados pelo Fundo de Participação dos Estados (FPE) e serão observadas as demais condições para sua apuração e divulgação, inclusive distribuídas as cotas na mesma data de crédito e levando em conta a arrecadação do Imposto sobre a Exportação realizada no mesmo período em que se arrecadarem os Impostos de Renda e de Produtos Industrializados;

II — será incluída dotação no orçamento de cada exercício financeiro para atender aos repasses de que trata este artigo, sob pena de crime de responsabilidade; e

III — não será aplicada qualquer vinculação aos recursos transferidos na forma deste artigo, nem para fins de pagamento de dívida renegociada junto ao Tesouro Nacional.

**Art. 8º** Esta lei entra em vigor na data de sua publicação.

## JUSTIFICAÇÃO

O objetivo deste Projeto de Lei é fortalecer a Federação brasileira ao destinar de forma harmônica e equilibrada parcela da riqueza nacional gerada por recursos naturais para todos os estados e municípios.

O projeto regulamenta o pagamento de royalties e participações especiais devidos pela produção de petróleo, de gás natural e de outros hidrocarbonetos fluidos sob o regime de concessão e partilha de produção, bem como dispõe sobre sua distribuição.

A presente proposta justifica-se, por um lado, tendo em vista o veto do presidente Lula ao art. nº 64 da Revisão Final do PL nº 5.940/2009, que criou uma lacuna neste PL em relação à distribuição dos royalties. Por outro lado, as diversas propostas que tramitam na câmara dos deputados e no Senado Federal não atenderem ao equilíbrio federativo, posto que penalizam os estados produtores.

Ademais, o projeto aprovado no Congresso Nacional não definiu a alíquota a ser cobrada a título de royalties, inviabilizando as licitações das novas jazidas da camada pré-sal, sob o regime de partilha de produção.

Adicionalmente, há que se destacar que este texto conserva, no essencial, o acordo celebrado pelo presidente Lula com os estados produtores e não produtores.

Mantivemos a proposta do presidente Lula de elevar de 10% para 15% o percentual devido em função dos royalties. Entretanto, preserva o ato jurídico perfeito ao estabelecer que o percentual devido nos contratos celebrados antes da entrada em vigor desta lei continuará a ser 10%, podendo a ANP reduzi-lo até um mínimo de 5% do volume total da produção.

Há que se ressaltar, ainda, que enquanto o PL nº 8.051/2010 estabelece regras de distribuição para os royalties apenas no regime de partilha, este novo PL fixa regras tanto para o regime de partilha de produção quanto para o regime de concessão.

Ademais, aquele projeto só cuidava da distribuição de royalties, enquanto este trata também da participação especial. Aqui há uma mudança significativa. A mudança no marco regulatório do pré-sal ensejou uma justa reivindicação dos estados e municípios não produtores por maior participação nas rendas governamentais do petróleo.

Para resolver essa demanda, propomos que a parcela da União nas participações especiais (50%) seja integralmente destinada a esses entes da Federação, visto que para o pré-sal não haverá participações especiais e sim o chamado equivalente em óleo, que será integralmente destinado à União.

Importante ressaltar que estados produtores e não produtores não devem digladiar-se enquanto a União concentra poderes. Em 2008, por exemplo, 54% das receitas arrecadadas ficaram com a União, 27% com os estados e 19% com os municípios. Produtores e não produtores precisam se unir para convencer o Governo Federal. A guerra federativa não interessa a ninguém. O pré-sal é nosso passaporte para o futuro, e não pode ser o pomo da discórdia.

A presente proposta resguarda o § 1º do art. 20 da CF, com os estados e municípios produtores e confrontantes recebendo uma parcela diferenciada dos demais entes federativos. Não obstante, os demais entes federados passarão a receber, por esta proposta, parcela significativa dos recursos arrecadados, comparativamente ao que recebiam em relação ao disposto na Lei do Petróleo (Lei nº 9.478/1997), especialmente porque, além de royalties, passam a receber também participação especial.

Dados da Empresa de Pesquisa Energética (EPE) revelam que a produção de petróleo saltará de 2,030 milhões de barris por dia (bbl/dia) para 3,68 milhões bbl/dia em 2015 e 6,093 milhões bbl/dia.

Em 2010, os royalties geraram R$ 9,9 bilhões e as participações especiais renderam R$ 11,7 bilhões, o que totalizou R$ 21,6 bilhões. Esses valores aumentarão nos próximos anos.

Tendo como referência esse aumento de produção e de receita, o presente projeto visa promover uma distribuição mais equitativa entre as unidades da Federação.

A aprovação deste projeto pode ajudar decisivamente a resolver o impasse federativo causado pela questão dos royalties, razão pela qual peço o apoio dos meus nobres pares.

Também é objetivo deste projeto de lei destinar parcela da riqueza nacional gerada por recursos naturais e destinada ao exterior para fortalecer a Federação brasileira. A proposta trata da incidência do Imposto Nacional sobre Exportações de petróleo e seus derivados, fixando a alíquota em 30%, podendo ser reduzida a 10%. Para atender aos objetivos da política cambial e do comércio exterior, o projeto mantém a sistemática atual de permitir a elevação imposto para até cinco vezes o percentual fixado na Lei (art. 3º do Decreto-Lei nº 1.578, de 11 de outubro de 1977).

Ao mesmo tempo, a proposta cria uma transferência extraordinária e complementar do FPE e do FPM, que deverão ser compostos por recursos equivalentes ao que a União vier a arrecadar com o Imposto sobre a Exportação de óleo e gás, metade para cada fundo, e sem ferir a vedação constitucional para vincular a arrecadação originária do imposto. Portanto, é uma proposta que exige que os recursos naturais exportados passem a dar uma contribuição mínima à Federação brasileira, beneficiando especialmente os governos das regiões menos desenvolvidas e de menor porte, os mais dependentes do FPE e do FPM.

De acordo com a Constituição Federal, o imposto da União sobre exportações não necessita atender ao princípio da anualidade tributária. Daí porque a aprovação desta proposição poderia trazer benefícios imediatos ao Brasil.

Atualmente, o Imposto sobre Exportações sobre petróleo e derivados tem alíquota zero. Em 2010, as exportações de petróleo e combustíveis atingiram US$ 22,9 bilhões; até junho de 2011, somaram US$ 14,9 bilhões. Estimamos que, com a alíquota de 10%, o imposto sobre as exportações de petróleo e derivados pode gerar de R$ 4,02 bilhões a R$ 5,7 bilhões por ano, os quais poderiam ser destinados aos estados não produtores de petróleo, nos mesmos critérios do FPE/FPM.

Como o petróleo é uma *commodity*, cujo preço é definido internacionalmente, esta tributação não seria questionada pela OMC.

As descobertas de petróleo na camada pré-sal representam uma grande conquista do povo brasileiro. A alteração no marco regulatório do petróleo, porém, pode mergulhar o Brasil numa indesejada guerra federativa. Considero que o pré-sal é nosso passaporte para o futuro, e não pode ser o pomo da discórdia. A aprovação deste projeto pode ajudar decisivamente a resolver o impasse federativo causado pela questão dos royalties.

Em face dos benefícios políticos e econômicos decorrentes da cobrança do Imposto sobre a Exportação sobre o petróleo, pedimos o apoio dos nobres membros desta Casa para que esta iniciativa seja transformada em lei o mais rapidamente possível.

**Sala das Sessões,**

**Senador Lindbergh Farias (PT-RJ)**

## Anexo VII
## PLS nº 618/2011
## (sen. Lindbergh Farias)

### PROJETO DE LEI DO SENADO Nº 618, DE 2011

Estabelece critérios para a consolidação, a assunção e o refinanciamento, pela União, da dívida pública mobiliária e outras que especifica, de responsabilidade dos estados e do Distrito Federal.

**O CONGRESSO NACIONAL decreta:**

**Art. 1º** Fica a União, no âmbito do Programa de Apoio à Reestruturação e ao Ajuste Fiscal dos Estados, autorizada, até 31 de dezembro de 2012, a:

I — assumir a dívida pública mobiliária dos estados e do Distrito Federal, bem como, ao exclusivo critério do Poder Executivo Federal, outras obrigações decorrentes de operações de crédito interno e externo, ou de natureza contratual, relativas a despesas de investimentos, líquidas e certas, exigíveis até 31 de dezembro de 2010;

II — assumir os empréstimos tomados pelos Estados e pelo Distrito Federal junto à Caixa Econômica Federal, com amparo na Resolução nº 70, de 5 de dezembro de 1995, do Senado Federal, bem como, ao critério do Poder Executivo Federal, outras dívidas cujo refinanciamento pela União, nos termos desta lei, tenha sido autorizado pelo Senado Federal até 31 de dezembro de 2012;

III — compensar os créditos assumidos com eventuais créditos de natureza contratual, líquidos, certos e exigíveis, detidos pelas unidades da Federação contra a União;

IV — assumir a dívida pública mobiliária emitida por estados e pelo Distrito Federal, após 13 de dezembro de 1995, para pagamento de precatórios judiciais;

V — refinanciar os créditos decorrentes da assunção a que se referem os incisos I e IV, juntamente com créditos titulados pela União contra as unidades da Federação.

§1º As operações autorizadas neste artigo vincular-se-ão ao estabelecimento, pelas unidades da Federação, de Programa de Reestruturação e de Ajuste Fiscal, acordado com o Governo Federal, nos termos da lei nº 9.496, de 11 de setembro de 1997.

§ 2º O prazo previsto no *caput* poderá ser prorrogado por até 180 dias, por decisão fundamentada do ministro de Estado da Fazenda.

**Art. 2º** Sobre os contratos de refinanciamento de que trata esta lei incidirão juros, calculados e debitados mensalmente, à Taxa de Juros de Longo Prazo (TJLP), instituída pela lei nº 9.365, de 16 de dezembro de 1996.

**Art. 3º** Os contratos de refinanciamento deverão contar com adequadas garantias que incluirão, obrigatoriamente, a vinculação de receitas próprias e dos recursos de que tratam os arts. 155, 157 e 159, incisos I, "a", e II da Constituição.

**Art. 4º** Os contratos de refinanciamento poderão estabelecer limite máximo de comprometimento da Receita Corrente Líquida (RCL) para efeito de atendimento das obrigações correspondentes ao serviço da dívida refinanciada nos termos desta lei.

**Parágrafo único**: O limite máximo de comprometimento de que trata o *caput* será inferior a, no mínimo, dois pontos percentuais do limite fixado na renegociação realizada nos termos da Lei nº 9.496, de 11 de setembro de 1997.

**Art. 5º** Os contratos de refinanciamento de que trata esta lei serão pagos em até 360 (trezentos e sessenta) prestações mensais e sucessivas, vencendo-se a primeira trinta dias após a data da assinatura do contrato.

**Parágrafo único**: O prazo previsto no *caput* somente será ampliado para atendimento do disposto no art. 5º, parágrafo único, desta lei.

**Art. 6º** Fica a União autorizada a receber das unidades da Federação bens, direitos e ações, para fins de amortização extraordinária dos contratos de refinanciamento celebrados na forma desta lei.

**Art. 7º** A União poderá securitizar as obrigações assumidas ou emitir títulos do Tesouro Nacional, com forma de colocação, prazo de resgate e juros estabelecidos em ato do ministro de Estado da Fazenda, ouvido o Ministério do Planejamento e Orçamento, com vistas à obtenção dos recursos necessários à execução do disposto nesta lei.

**Art. 8º** Aplicam-se, no que couber, as disposições da Lei nº 9.496, de 11 de setembro de 1997.

**Art. 9º** Esta lei entra em vigor na data de sua publicação.

## JUSTIFICAÇÃO

A situação financeira dos estados brasileiros, que já era delicada há alguns anos, agravou-se de maneira acentuada a partir de 1994, quando do fim da alta inflação. Em 1995, alguns estados enfrentavam situação de grave dificuldade, o que provocou a interrupção de fluxos de pagamentos e ameaças de paralisação do suprimento de serviços básicos para a população.

Após processo de renegociação das dívidas e celebração de um acordo sobre um Programa de Ajuste Fiscal para cada um dos estados, a Lei nº 9.496, de 11 de setembro de 1997, foi, e continua sendo, uma importante contribuição para o melhor funcionamento e aperfeiçoamento das finanças públicas do país.

Todavia, passados quase 15 anos de um ajuste previsto para 30 anos (prazo de 360 meses para pagamento das parcelas), o cenário econômico e político se alterou de forma considerável, gerando, no presente momento, esforço fiscal demasiado aos estados brasileiros.

Sobre o saldo devedor das dívidas estaduais com a União incidem juros de 6% mais a variação do IGP, que no ano passado foi de 11,3%. Portanto, esta regra de reajuste do valor do saldo das dívidas dos estados fez com que, no ano de 2010, tais dívidas crescessem 17,3%.

O Governo Federal vem desenvolvendo um movimento de redução das taxas de juros que estão sob o seu controle. O exemplo mais simbólico foi a redução, ocorrida no último dia 31 de agosto, da taxa de juros Selic administrada pelo Banco Central do Brasil.

Outros exemplos recentes merecem ser mencionados. O Programa de Sustentação do Investimento do BNDES cobra taxas de juros de 4% a 8,75% para empréstimos de financiamento do investimento. O Programa Qualificação para ensino técnico e profissionalizante privado, também do BNDES, cobra taxa de juros máxima de 8,3% ao ano. A Finep faz empréstimos para incentivar a inovação com taxas de juros que variam entre 4% a 5% ao ano. O Programa Crescer que disponibiliza crédito para o micro e pequeno empresário por intermédio do Banco do Brasil, da Caixa, do Banco do Nordeste e do Banco da Amazônia, cobra taxas de juros de 8% ao ano.

O exemplo mais importante, contudo, são os empréstimos que a União vem fazendo ao BNDES desde 2008, em que cobra como juros a TJLP, que hoje está em 6%.

A mudança ora proposta de IGP + 6% para TJLP estabeleceria: (i) — que a União, como credora, daria tratamento isonômico aos estados e ao BNDES e (ii) — daria aos estados mais liberdade para contratar empréstimos, por exemplo, junto ao BNDES, à Caixa, ao BID e ao Banco Mundial para a realização de investimentos.

Essa maior capacidade de tomar empréstimos para a realização de investimentos viria da redução da relação dívida estadual/receita líquida real, que, segundo a legislação em vigor, estabelece limites para o grau de endividamento dos estados.

Nesse momento histórico, em que o investimento público assume papel de destaque, os estados necessitam, em demasia, de fontes de financiamento para a realização de projetos de infraestrutura.

Os estados necessitam de recursos para ampliar a sua capacidade de investir em transporte e habitação popular, precisam também melhorar a qualidade da educação e da saúde e necessitam, ainda, melhorar os serviços de segurança pública. Áreas, que ninguém tem dúvida, são carentes de recursos.

Recentemente, tem havido um movimento de enfraquecimento das finanças estaduais quando comparadas com as finanças do Governo Federal.

Nos últimos quatro anos, 2007-2010, a arrecadação da União (receitas federais) cresceu, em termos reais, 25,9%, enquanto as transferências da União aos estados e municípios cresceram apenas 15,3%. No ano de 2010, a arrecadação federal cresceu 8,9%, enquanto as transferências para estados e municípios cresceram apenas 2,1% (em termos reais).

As transferências aos estados e municípios que, entre 2003 e 2008, estavam entre 3,4% e 3,7% do PIB, em 2009 foram de 3,0% e em 2010 foram de apenas 2,6% do PIB.

A mudança proposta de reduzir em 2 pontos percentuais da sua receita líquida real a parcela paga mensalmente à União visa equilibrar e solidificar a Federação. Tal mudança promoveria o fortalecimento da capacidade orçamentária dos estados, já que tal alteração equivaleria a um aumento das transferências da União aos estados da ordem de 2% das suas receitas líquidas reais. Os valores listados a seguir indicam, *de forma aproximada,* quanto cada estado deixaria de transferir à União na forma de pagamento de dívida no ano de 2010.

| Estados | Redução da transferência à União em R$ (em milhões) |
|---|---|
| ACRE | 65,5 |
| ALAGOAS | 108,9 |
| AMAZONAS | 191,3 |
| AMAPÁ | 56,5 |
| BAHIA | 481,6 |
| CEARÁ | 272,7 |
| ESPÍRITO SANTO | 225,9 |
| GOIÁS | 289,5 |
| MARANHÃO | 173,7 |
| MINAS GERAIS | 901,7 |
| MATO GROSSO DO SUL | 144,1 |
| MATO GROSSO | 187,2 |
| PARÁ | 235,4 |
| PARAÍBA | 133,4 |
| PERNAMBUCO | 340 |
| PIAUÍ | 117,6 |
| PARANÁ | 457,5 |
| RIO DE JANEIRO | 752,2 |
| RIO GRANDE DO NORTE | 144,1 |
| RONDÔNIA | 97,8 |
| RORAIMA | 43,8 |
| RIO GRANDE DO SUL | 599,2 |
| SANTA CATARINA | 338,3 |
| SERGIPE | 118,8 |
| SÃO PAULO | 2.442 |

Nesse momento histórico, em que o desenvolvimento econômico e social assume papel de destaque, os estados necessitam, em demasia, de fontes de recursos volumosos para a realização de projetos de infraestrutura, para melhorar a qualidade dos sistemas de saúde e educação e para construir habitações populares.

Por todas essas razões, peço o apoio dos nobres pares para o presente Projeto de Lei.

Sala das Sessões,
**Senador Lindbergh Farias (PT-RJ)**

Produção
*Adriana Torres*
*Ana Carla Sousa*

Produção Editorial
*Mauro Siqueira*

Revisão
*Eduardo Carneiro*

Capa
*Leo Fróes*

Diagramação
*Trio Studio*

Este livro foi impresso em novembro de 2011,
pela Edigráfica, para a Editora Agir.
A fonte usada no miolo é Iowan Old, corpo 10,5.
O papel do miolo é offset 75g/m²,
e o da capa é cartão 250g/m².

# Amor à Segunda Vista

Mhairi McFarlane

Tradução
Alyne Azuma

HarperCollins Brasil

Contatos:
Rua Nova Jerusalém, 345 – Bonsucesso – 21042-235
Rio de Janeiro – RJ – Brasil
Tel.: (21) 3882-8200 – Fax: (21) 3882-8212/831

**CIP-BRASIL. CATALOGAÇÃO NA PUBLICAÇÃO**
**SINDICATO NACIONAL DOS EDITORES DE LIVROS, RJ**

M126a

McFarlane, Mhairi

Amor à segunda vista / Mhairi McFarlane; tradução Alyne Azuma. - 1. ed. - Rio de Janeiro: HarperCollins Brasil, 2015.

384 p. ; 23 cm.

Tradução de: Here's looking at you

ISBN 9788522032273

1. Romance escocês. I. Azuma, Alyne. II. Título.

15-26264 CDD: 828.99113
CDU: 821.111(411)-3